朱天衣的作文課

朱天衣◎著

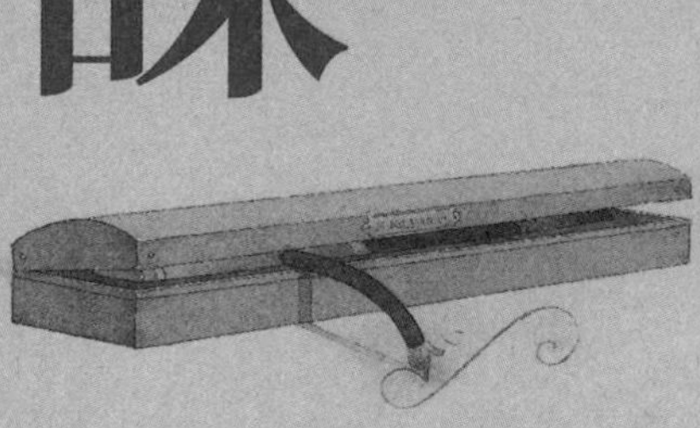

目錄

前言

從開始陪伴孩子寫作，成為所謂的「作文老師」，到今天已經超過二十年了，不細數，真的感覺不到二十年就這麼過去了，也許就因為始終是和孩子為伴，歲月格外匆匆。

即使已為人「師」七千多個日子，「教」過兩千多位學生，但至今聽到別人稱我「朱老師」，卻仍有臉紅的羞赧，因為自始至終我都不覺得自己稱得上是一位傳道、授業、解惑的「師」者，這麼多年來，我自許只是個陪伴、分享孩子成長的大朋友，若說在寫作上對孩子們有甚麼助益，我也只願意把自己定位是個引導者，而不是教導者。

會這麼說，絕對不是謙詞，因為我始終以為寫作這件事應該是人的本能，只要識字、只要願意，任何人都可以像呼吸說話一般的寫出屬於自己的想法，只要我們別把寫作賦予太多的名目或意義，寫作其實可以是很自然、很愉悅的。

也因此，我發現自己在和孩子相處的過程中，花費最大心力之處，不是在教授寫作技巧，而是努力的在「除魅」，也就是幫孩子祛除一些不必要的障礙，包括心理層面的恐懼、厭惡，也包含外在對寫作這件事的任何束縛，當我看到孩子們從抗拒到願意且歡喜寫作時，便是最

大的報償。

寫作是很生活的，也是很貼近心靈的，能在孩子的成長中陪伴他們一段，並分享他們的心靈活動，真的是很快樂的事。但我仍不滿足，我常嘆息自己無法像學校的老師或孩子的父母，可以擁有更穩定、更長久的關係陪伴他們長大，但我同時也知道自己該知足了，因為絕大多數的父母已給我超出想像的信賴及時間，讓我能放手和孩子一起翱翔在寫作的天地間。如今，我會很希望與孩子在寫作互動中所獲得的喜樂，和所有的父母分享，只要願意，任何人都可以扮演如我般的陪伴者、分享者角色，只要多給孩子一點空間，多為他們空出一點自己的時間，在寫作的天地裡，你和孩子都會有意想不到的收穫。

這套有聲書包含了為孩子準備的兩張CD及一本《我的繪本小書》、四張「色彩想像力練習著色卡」，另外還加了這一本為父母預備的說明，在「給父母的話」中，所提到關於寫作的問題，多半是平日演講或上課時，最多父母關心提問的，所以我便直接以問答方式處理；至於「給父母的小叮嚀」則是擔心孩子在聽過CD後仍覺得下筆困難時，父母可從旁助一臂之力的小撇步，當然若孩子完全無此需要，那這所謂的「叮嚀」就可備而不用了。

至於孩子要如何使用這套教材呢？我的建議是，一個星期消化一個單元，並附加一個「我的繪本小書」練習，當然這可視孩子課業壓力隨時做調整，此外，當孩子真的要藉由CD中的引導進入寫作時，請先安排他坐在桌前就定位，準備好作文簿及鉛筆、橡皮擦，當他一聽完一個單元時即刻就動筆，那應該是最適合下筆的時刻，若孩子的專注力夠、學習能力也強，當然可以不必受此束縛，但透過CD和直接在課堂上引導畢竟有所不同，因此這樣的要求孩子是不得不的舉措。

當孩子真正進入寫作狀態後，便盡量別中斷，期間有不會的字可先以注音代替，等全篇文章完成後再教他或查字典補上國字即可。較稚齡的孩子在初學階段，或可以陪伴他一起完成這件事，但記得呦！只是陪伴，而不是指導，做父母的可以在一旁閱讀自己的書，或書寫自己的文字，別讓孩子有受到監督的壓力，讓他覺得這是一段親子共享的寧靜時光。

現今坊間有太多為因應國中基測而出版的各式作文教材，選在這樣的時刻出這套有聲書，其實心底是有些急切的，我真的希望提供給孩子一個不一樣的選擇，讓他在寫作的路途中，走得更自在、更快樂也更順暢，我始終相信愉悅絕對是孩子學習的最大動力，它不僅是學習的前提，更是必要條件，如果我們能經由快樂達到同一個目標，那何樂而不為呢

給父母的話

孩子什麼時候開始寫作最合適？

寫作是自我表現很自然的一種方式，簡單來說，會說話就應該可以提筆書寫，而文字只是工具，如果孩子已會使用注音符號或簡單的國字，應該就可以開始寫作。甚至，在識字前亦可讓孩子口述，而由父母記錄成文字，再覆誦給孩子聽，這會是很有趣的經驗。但前提是，整個過程要以遊戲好玩的心情進行，切莫勉強或給孩子壓力。

如果是要送孩子去坊間學作文，則以三年級開始會比較合適，因為這樣年齡的孩子已習慣於團體學習，且表達能力較成熟，所認識的字辭也大致夠基本寫作所需，學習過程較不容易產生挫折感。

對寫作幫助最大的是什麼呢？

我以為除了閱讀，還是閱讀。

閱讀除了可以豐富寫作的內涵，對寫作技巧的幫助更是毋庸置疑。但我所指的閱讀，不是範文，也不只是所謂的優良讀物，而是廣泛的閱讀、大量的閱讀，範文容易局限孩子的想像空間，尤其模仿力強、較稚齡的孩子，很可能因為常參讀範文，寫作變得制式化，未來難以超脫這框架。

其實閱讀對孩子的幫助不只於寫作，它可以增加孩子的思考能力、學習能力，受益的不僅是文科，對數理的幫助也出奇的大，在我教過的數千個學生中，只要擁有閱讀習慣的孩子，不只寫作能力好，在課業方面各科表現都十分優異，幾乎無一例外，閱讀真的可以使學習達到事半功倍的效果。

近年來，各國在評比孩子未來是否具備競爭能力時，閱讀能力的考察便占了極大的比重，因為這些先進國家相信，一個擁有閱讀習慣的孩子，具備了終生學習的能力。因此，為了增強孩子的寫作、學習能力，閱讀習慣的養成絕對有其必要。

如何培養孩子的閱讀習慣呢？

孩子的閱讀最早可以從床邊故事開始，每晚讓孩子自己挑選一冊繪本共享親子閱讀，絕對會比放一片CD聽故事，更容易讓孩子進入閱讀的世界。

孩子大了，能識得注音符號及一些字時，便可親子共讀，甚至可以請他們讀給我們聽；當孩子已能獨自並且享受閱讀時，就盡量別打斷他們，至少讓他們能持續沉浸在書海中一段時間，若擔心視力問題，是可以提醒他們中間稍作休息。

較大的孩子若還未有閱讀習慣，那麼每天試著關掉電視、電腦半小時、一小時，陪他靜

坐在桌前一起閱讀，你看你的書、他看他的書，一開始父母或許必須忍受他頻繁的換書，或「一目十行」的快速閱讀，一天兩天、一週兩週下來，他便能慢慢進入狀況，靜下心看完手中的書了，這期間別去考察他看了多少，瞭解了多少，除非他主動想討論、分享，不然父母就僅僅做一個伴讀者就可以了。

在現今的環境裡，閱讀習慣絕對是需要培養的，因為有太多更容易、更好玩的事物隨時可取而代之，像電視、電玩、漫畫、網路遊戲等，閱讀較之於它們真的是需要花更多的腦力、精神才能進行的，以人們好逸惡勞的天性來說，閱讀真的很容易就會變成劣幣逐良幣的犧牲者，所以閱讀習慣的養成，真的需要加倍的耐心與恆心。

之所以不把漫畫當作是閱讀的一部分，是因為它以圖像取勝，若孩子在閱讀習慣尚未養成前，即沉迷於漫畫，那麼他將視文字多過圖像的書籍為畏途，這是很可惜的事，所以我建議在孩子還未享受到以文字為主的閱讀樂趣前，對漫畫的攝取還是要做控管。

需要為孩子們選書嗎？

當孩子願意主動閱讀時，選書的動作，我以為還是盡量交給孩子們掌控，別太擔心他們的閱讀胃口過偏，尤其在剛開始時，盡量讓他們選擇自己感興趣的類型書入門，「主動」絕對是學習動力的來源，但基於環保及經濟考量，父母親真的可以充分利用圖書館及書店，尤其現在許多的書店都設有閱讀區，讓人能長時間且舒適的閱讀，若真遇到值得反覆閱讀的書籍再購買也不遲，借書、交換書也都是很好的選讀方式，如此日積月累，不僅能增加閱讀的量，更可以開展孩子的閱讀視野。

閱讀後需要強制孩子寫讀書心得嗎？或檢驗他是否真讀懂了書籍內容？

在問這問題時，也許我們大人應該先將心比心，如果當我們每看完一本書都需要寫報告的話，我相信沒有一個大人會想閱讀的，而且一本書所影響、所給予的，有時並不是在當下，它也許要經過一段時間發酵，短則幾天，長則數年、數十年，甚至有可能是一輩子，所以何苦在孩子們剛進食時便做催吐的動作呢？這只會讓他們對閱讀這件事反胃而已。

而且同樣一本書，常會因為閱讀時的年齡不同，所得亦不同，像中國的章回小說或西方古典名著，孩時感興趣的和成人所關注的重點就不可能相同，隨著年歲漸長，反覆閱讀後，所得自然增加甚或有所改變，所以驗收成果何必急於一時呢？

所以，我以為閱讀習慣的培養和閱讀心得的書寫是分開來的兩件事，千萬別讓心得報告干擾了閱讀的樂趣；其實書寫心得報告也沒那麼困難，只要套上公式、寫出一篇制式的報告，對高年級以上的孩子應該都不是問題，但是我真的想建議學校的老師們，別急著在孩子組織、邏輯觀念還不是那麼成熟時，便給予孩子這樣的課程，這只會事倍功半或適得其反。

如何培養寫作的樂趣？

如果我說上作文課是一件痛苦的事，相信包括大人、小孩都不會反對，在成長過程中，鮮少有人能在作文課中真正享受書寫的樂趣，為什麼呢？也許是我們給予寫作太多的名目，

比賽、考試、分數，當要下筆時，第一個想到的是大人會怎麼看待？閱卷老師會怎麼評比？這和躲在房間裡寫私密日記、寫情書的心情完全不同，如果寫作僅只是一種記錄、一種抒發、一種分享，那麼它應該不會讓我們如此卻步呀！

如果寫作只是表達自我的一種方式，它就像呼吸、說話一樣自然，那麼孩子們就不會將它視為畏途了，所以在孩子初學寫作時，我們要告訴他們寫作就像說話一樣，而且要鼓勵孩子們用他們的語言，寫出自己的心情、自己的想法，而不是要他們裝大人模樣、說大人的話語。

越是稚齡的孩子越是要鼓勵他想到什麼就寫什麼，也許一開始，他們會說很多而且說不清楚，沒關係，讓他們繼續說、繼續寫，這時千萬別嫌他們囉嗦、教他們精簡，以我們所謂的標準文章格式要求他們，該如何破題、如何敘述、如何結語，那麼孩子將會困頓其中，難以提筆。

面對孩子的寫作千萬別心急，只要孩子願意寫、不斷的寫，就算小學六年仍寫不出個所謂「標準完美」的文章又如何呢？當他們持續書寫至青春期，思考邏輯能力突飛猛進時，不待你提醒，他們自會去蕪存菁的寫出一篇篇簡潔達意的文章來，對父母、老師而言，這絕對不是卸責，為了要呵護那小小寫作欲望的火苗，而不強加干涉，這是做為旁觀者的我們最難做到、也必須要隱忍的。

如何引導初學或稚齡的孩子進入寫作？

時常有父母反應，孩子的作文是他們把著手一句一句唸出來才完成的，若不如此，孩子可能坐在書桌前幾個小時卻一個字也寫不出來。

前面我們說過，寫作應該是人的本能，像呼吸一樣自然，所以當孩子遲遲無法下筆時，在他心中存在的最大障礙就是寫文章是一件困難且遙遠的事，這時我們就要強調書寫和說話是一樣的，以及引導他在生活中找相關的經驗，讓他覺得寫作是一件沒甚麼大不了的事；當他真的出手下筆了，那麼不管他寫得多麼幼稚，或多麼需要改進，請先給予他讚美與鼓勵，讓他有信心的寫下去。

把著手教孩子寫文章，不是絕對的不可以，只是過程中仍要不時的放手讓孩子自己思索，當文章完成後，帶著他回頭欣賞這篇作品時，可以特別誇獎屬於他貢獻的辭句或想法，讓他在一次又一次的親子書寫中培養自信，而不是依賴。

我還是想強調，父母師長的鼓勵，對孩子的學習絕對有意想不到的正面助益，當我們抱著喜悅分享的心情參與孩子的寫作時，那會是孩子願意繼續學習的最大動力，所以千萬別吝於給孩子掌聲與讚美。

如何教初學的孩子分段及打標點符號？

這兩個問題確實會造成初學寫作孩子的困擾。我的經驗是教孩子分段可從題材著手，選

擇類似「快樂」、「傷心」、「美食」、「臉紅的時候」這樣的題材，讓孩子從生活經驗中找出三、四件事來描述，一段敘述一件事，這樣孩子很快就能抓住分段的竅門了。

至於標點符號，我的方法則是告訴孩子，我們說話時不可能一口氣從頭說到尾，我們平時說話的習慣是說一句話，便會換一口氣，這換氣的地方就可以打逗點，至於整件事說完的時候，那就可以打句號啦！接著再慢慢地教他們驚歎號、問號以及頓號的使用，至於說話時會用到的冒號、引號，再加上私名號、書名號差不多就夠用了。

記得！這些基本的符號是一步一步慢慢來的，最開始讓孩子能掌握逗號、句號就可以了，其他的就等實際遇到需要用到的時候再教，多使用幾次孩子就會記得了。

寫作需要文法的加持嗎？

曾經有一位家長很自豪的告訴我，她那才低年級的孩子已開始深入學習文法，藉以打好未來寫作基礎。老實說，我聽了十分的生氣，文法不是不能學習，只是請把它和寫作分成兩件事。

對以母語寫作的任何人來說，均已具備了基礎的文法，除非要挑戰更精準的書寫題材，類似古詩詞、文言文，或專業的研究報告，才需在文法上多所講究，一般的寫作若時時以文法為前提，結果必然是寸步難行，成年人尚且如此，更何況是稚齡且初提筆的孩子。

文法的學習是可以增強語文程度，提高在校的國文成績，但我都不以為該在孩子邏輯觀念尚未成熟前，便給予過於艱深的文法，與其用死記、考試的方式要孩子接受，不如仍是藉由閱讀從根本提升孩子的語文程度來得更紮實。

唉！在這裡，我真的很想呼籲一下聯考、基測及在校的出題老師們，是不是可以不再用文體及書寫手法的分類來困擾孩子了，就算分得出甚麼是抒情文、說明文，以及甚麼是誇飾法、比擬法……，這對閱讀、書寫有何幫助呢？這樣的所謂語文程度要來何用？

寫作真的需要靈感的幫助嗎？

在書寫的過程中，有時確實會靈光乍現，思緒如脫韁野馬般奔騰不已，但我以為這所謂的靈感，絕對不是天上莫名其妙掉下來的禮物，而是平時藉由感官接收、長時間累積下來的資本，在思維觸碰到某個範圍時，相關的資訊便蹦跳出來為你所用，若平時對周遭環境、時令變遷、人情世故均無感，那麼就算枯等鎮日，靈感也不會從天而降的。

所以平時便可鼓勵孩子多聽、多看，多多去感受這個多彩多姿的世界，包括季節的遞換、大自然山川風雨的變幻，以及觀察人與物的特色，當然別把它當成功課，而是由我們帶著他們去感受、去體會，把它當成是遊戲般化入生活中，讓觀察變成一種習慣，讓感官變得更為靈敏。當一個孩子具有靈敏的感官及觀察力時，對寫作絕對有加分作用。

關於靈感還有一個十分有趣的現象，那就是只要進入書寫狀態，所謂的靈感便如泉湧般源源不絕，所以當孩子在下筆前若是處於發呆狀況，那麼我們應該盡量鼓勵或引導他先動筆，等他進入寫作後，便盡可能的別打斷他，即使遇到不會寫的國字，也告訴他寫注音無妨，等最後文章完成時，再詢問或查字典補上國字即可。

如何看待孩子的作品？

當我們捧著孩子的文章時，請以分享的心情代替要求與苛責。

孩子的每一篇作品都是他們的成長記錄，寫作不是一蹴可及的，所以我們不要奢求孩子揮筆即可完成一篇成熟完美的文章。段落不明、錯字連篇，甚或言之無物，這樣的文章常讓父母心急不已，我以為即便如此，仍要多給孩子一些空間與時間，也就是說要多容忍一些他們的錯。寫作和寫功課是不一樣的，當孩子天馬行空翱翔在書寫的世界時，下筆時所發生的謬誤絕對不能和寫千篇一律的功課相提並論的，若我們只就表面形式、文字指正他，怯弱一些的孩子可能會自信盡失，就算神經較粗大的孩子，可能也會因此失去寫作的樂趣。其實只要鼓勵孩子養成寫好文章後檢查的好習慣，就可以避免許多因大意而產生的疏漏。

我仍想強調，在看孩子的文章時，盡量以分享代替要求，以鼓勵多過指正，讓自己成為孩子學習寫作的陪伴者，且做一個懂得隱忍、有耐心的讀者，只要孩子願意寫、樂於寫，父母所擔心的那些容易發生的錯誤，都會隨著他們心智成長且熟能生巧的狀況下迎刃而解。

1

走春

春節剛過，回顧年節期間，是甚麼事最讓你開心的呢？除了壓歲錢、鞭炮為你帶來無限歡樂，去親戚家拜年、到廟宇祈福，是不是也讓你充滿溫馨感，親族間的團聚本就令人期待，許久未見的堂兄弟、表姐妹，更是讓過年氣氛增添了一份熱鬧，大家比賽著誰長高了、誰長壯了，誰的球技精進了，誰的「GAME」升級了，彼此切磋、彼此較勁，讓每年的聚首更具話題。但是也別只顧著在室內玩「GAME」、看電視，雖然這段時間大人都不太會管小孩，但長時間的耗在電視電腦前，是既傷眼力又傷腦力的事，可別一個春節下來，變成了一個腦袋空空重度近視的人唷！所以有空跟大人出去走走，是有益身心健康的，而且你會發現郊外現在正是山櫻、李樹，及許多花卉盛開的時候，錯過就可惜了。

農曆新年天氣雖還寒冷，但畢竟時序已來到立春，所以我們會稱這中國年為春節，而在這新春期間出外遊玩，就稱之為「走春」，這是很生動的說法，彷彿出外走走就能找到春天，就能徜徉在春的懷抱裡。你在今年過年期間曾出門走走，到郊外遊玩嗎？這就是我們今天要談的主題。

春節期間，大家的心情通常都比較輕鬆，又因為假期比較長，所以有時還可以安排遠一點的行程，去一些平時不太可能遊玩的景點，有的家庭索性來個環島之旅，全臺灣走透透，我聽過最厲害的就是全家族乾脆包一輛遊覽車，邊旅遊、邊家族團聚，連除夕圍爐都在飯店中度過，我想這不僅讓小孩開心，連大人也輕鬆不少，因為這樣一來連年貨也不必辦了，年菜也不必準備了，尤其是媽媽一定是舉雙手贊成的，不過這樣集體出遊的家族感情一定要好，不然在遊覽車上小孩打成一團、大人吵成一氣，那可就不妙了。

P

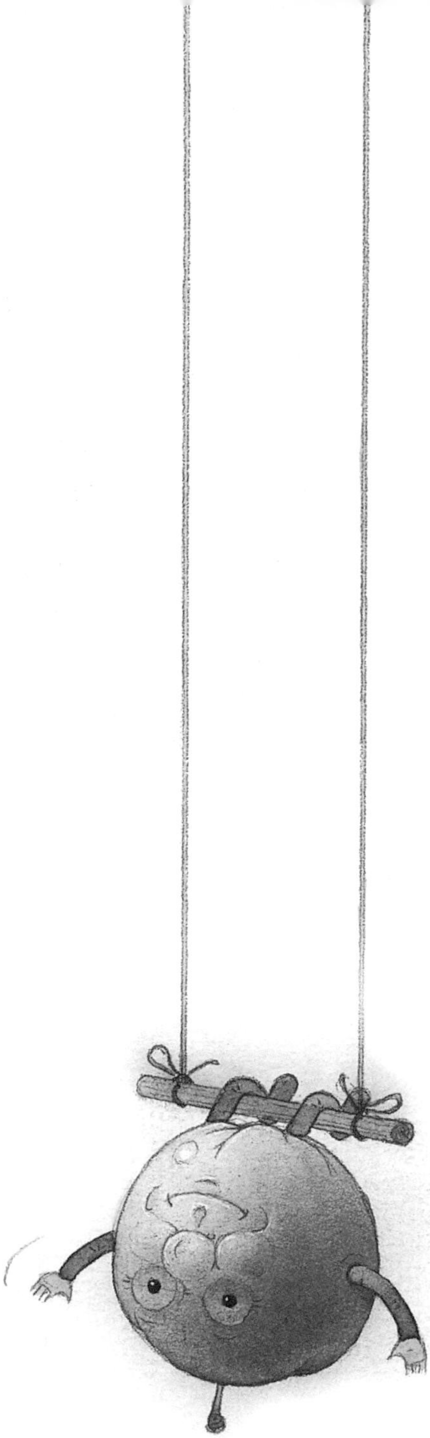

有熱愛大自然的家庭，也許會選擇以登山的方式，來展現對新的一年的期盼，登高望遠有步步高陞的意涵，而且站在山頭俯瞰世界，會帶來一種開闊及萬象更新的視野。像朱老師家一直就有這樣不成文的規矩，大年初一早上都會帶著眾狗兒們去附近山上走走，哪怕後來搬到辛亥隧道旁，翻過一個山頭就是六張犁公墓，且和第二殯儀館遙遙相望，但我們從來也不覺得該避諱甚麼，人的心是最重要的，當你的心境一片祥和時，看到甚麼都是美好的，當一個人疑神疑鬼時，眼前就算有再秀麗的風景，也享受不到大自然帶給你的喜樂，所以兒時新春大年初一的早晨，和父母站在山頭指東劃西辨識我們所熟悉的城市，是我生命中很美好的回憶。

我的學生中，也有熱中露營的父母，春節期間便一家大小夥同朋友，到山間溪畔露營去也，圍著大鍋湯當年夜飯，有時鍋裡頭只是簡單的泡麵青菜，一樣吃得大家樂呵呵的，重點是那營火帶來的溫暖，以及無光害的星空所帶來的浪漫情懷，在這樣的夜裡守歲，一定會比坐在電視電腦前更令人回味吧！不過新春正值隆冬，在野地露宿可千萬要注意保暖，若在一年之始便傷風感冒，可就不好玩了。

或者你因為回到遠方爺爺奶奶或外公外婆家過年，而順道去了附近的名勝古蹟一遊，也可能去到某個果園享受採果樂，像朱老師的外婆家在苗栗，還年幼時，大舅舅就曾開車載我們去大湖採草莓，那是我第一次踏進草莓園，我永遠忘不了看到一顆顆又大又紅的草莓出現在眼前時的激動，它們像紅寶石般在我眼前閃爍，有的呈雞心狀，有的像嬰兒手掌般碩大，個頭兒小的吃起來甜滋滋的，身形碩大的吃起來好過癮，這也是我童年美好回憶中不可磨滅的一頁。

而這段時間也是柑橘類盛產的季節，我們住的關西山上，就有很多人種了各式各樣的橘子，桶柑、茂谷、海梨應有盡有，而且因為人工太貴，有些人家乾脆不採收了，開放給遊客或親朋好友自行入園採擷，若還有剩，就會互相饋贈，朱老師每年都會收到好多好多的橘子，最後幾乎要釀成「橘災」了，因為想分些給鄰人時，但每個家庭橘子都已多到氾濫成災了，如果這時你來到我們山上採果，一定能滿載而歸的。

今年春節我則約了一對鄰人好友，一同前往北部濱海一遊，在淡水吃了碗黑殿排骨麵（原名是更有趣的黑店），接著經過淺水灣來到富基漁港，那兒有臺灣最北端的富貴角燈塔，我

K. Kasparavičius

們雖沒登塔瞭望，但也在海邊坐了好一會兒，冬天灰藍的海看起來特別深邃，會讓人靜下心來思索許多事而不捨離去，但港邊就熱鬧了，有正歸航在卸貨的漁船，有叫賣各種生猛海鮮的漁市場，看到那些受困待宰的小生物們，我是只有速速逃離現場一途。

後來我們又去附近的老梅晃了一圈，那是好友夫妻初戀之地，一邊逛著一邊回憶以往的時光，這也算是一趟懷舊甜蜜之旅吧！之後我們繞過金山，來到基隆廟口夜市，那兒的攤商真是多到不勝枚舉，所賣的各式小吃也是多到令人目不暇給，真有恨父母沒多生兩張嘴之嘆。我們揀選了幾個攤子享用了晚餐，還買了一些甜點帶回家去，也為這趟走春之旅畫下了完美句點。

今天，我們就以春節期間出外遊玩為題材，比如跟父母去各個廟宇祈福，或跨越縣市的去親戚朋友家拜年，也許像前面所說的，你們擁有了一趟環島之旅、尋訪古蹟之旅、採果之旅，或溫泉之旅、漁港之旅，都可以是你今天書寫的最佳題材，除了把出遊時的所見所聞描寫出來，還可以把新春的喜氣與熱鬧也添加進去，因為我相信過年的氣氛，一定會讓這趟「走春」多添了份歡樂。

給父母的小叮嚀

春節期間，孩子們放寒假，大人們也會有較長的假期，正是一家大小出外漫遊的好時機。若能安排多天的旅程，不妨讓孩子也一起規畫，除了能增添他們的參與感，也能培養孩子的自主能力，親子間的討論及共遊，一定能讓彼此的感情更深厚，也能為孩子留下美好的回憶。

若無法安排較遠的行程也無妨，只要多帶孩子出外走走，多親近大自然，絕對有益身心靈健康。不見得要去名勝景區人擠人弄到精疲力竭的，只要就近走走看看也是好的，有時不具目的性的漫遊，更能讓思緒沉澱，讓孩子更願敞開心靈與你對話。

所以春節期間，不時關上家裡的電視及3C產品，帶孩子到郊外遊走，在自然環境中展開新的一年吧！

2 無價之寶

人們常說「錢非萬能，但沒有錢卻萬萬不能。」的確，在日常生活裡，時時刻刻都需要用到錢，吃飯要用錢、住屋要用錢、穿著要用錢，求學也要用到錢，沒有錢真的是甚麼都做不了，有時甚至只因為手頭緊，缺了那麼一點錢，就足以讓人陷入不知如何是好的窘境。

錢是如此重要，但在這世界上，仍然有許多的事物是金錢買不到的，比如說時間、生命、親情、友情、愛情……，甚至快樂都是錢無法全然換得的，怎麼說呢？雖然我們在生活中有很多的樂趣是可以靠金錢來滿足，像出國旅遊、吃頓大餐、買玩具、買電腦、買零嘴、看電影……，都能帶給我們快樂，但你是否發現，當這些事偶爾出現在我們生活中時，所帶來的快樂會更濃烈些，就比如說逢年過節吃頓美味大餐是件值得期待、很愉悅的事，但是如果天天都是山珍海味，餐餐都是你最愛的美食佳餚，連續不到一個禮拜，一定會讓你吃到煩厭，恨不能來頓清粥小菜解解膩，所以快樂並不一定會隨著金錢而遞增，有時錢太多反而會帶來一些煩惱呢！

這也說明了富有的人，他們的快樂不見得比我們多，平時我們可能隨便買一件自己喜歡的新衣就很開心了，但是有些人為了炫富，卻非要名牌加持才感受得到喜悅，甚至不如此，就像沒安全感般不敢出門。像我能吃到剛出爐的麵包、喝到一碗熱騰騰的米粉湯，就覺得幸福滿溢，但對有錢人來說，魚翅、鮑魚出現在眼前，還不見得能勾起他的好心情，所以錢財是能為我們添得一些喜悅，但它絕對不是快樂的保證。

我一直覺得老天爺很公平，祂給予世上的每一個人一天都是二十四小時，不會因為你是

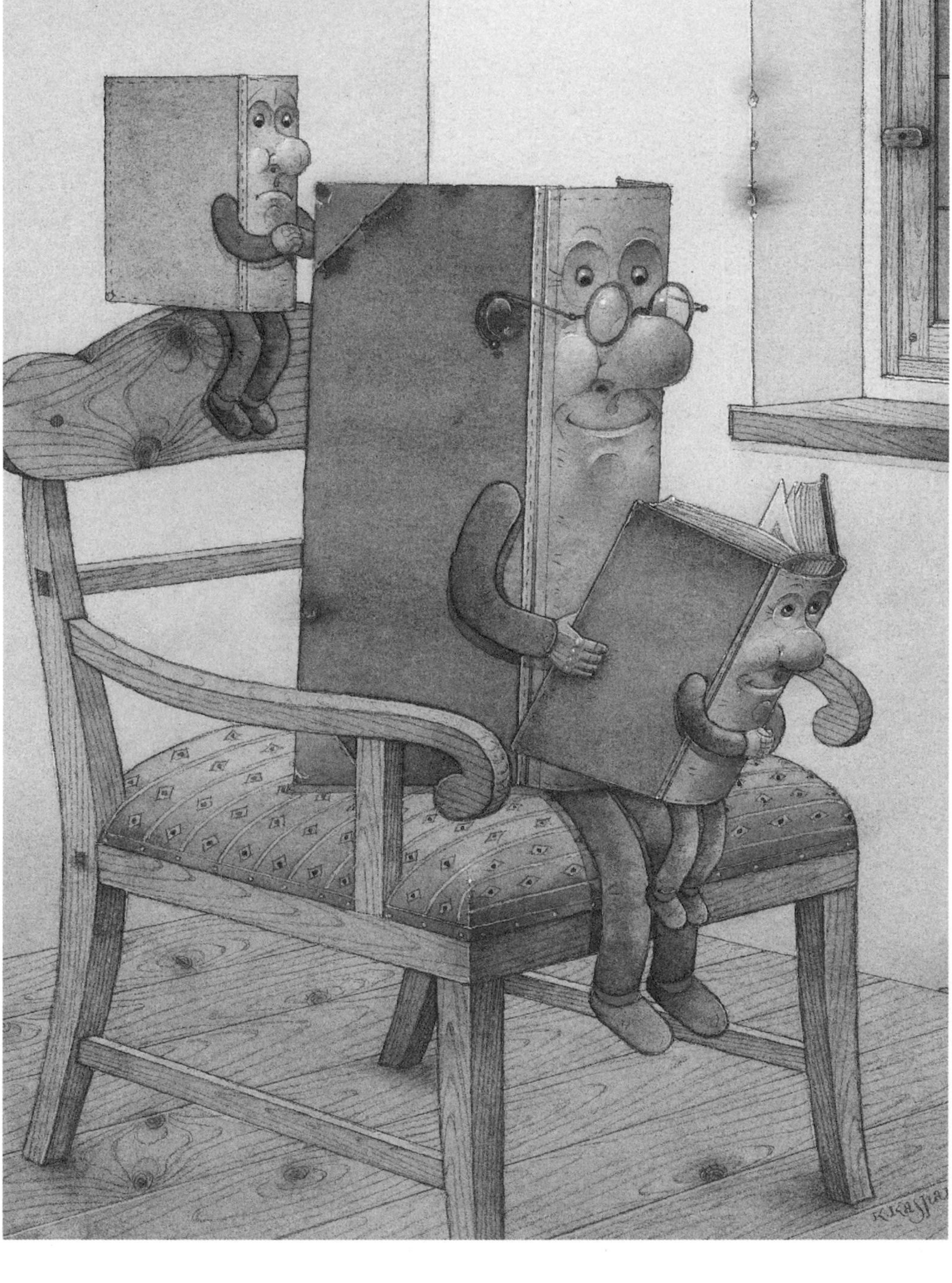

總統、大老闆就多給你一小時，也不會因為你是販夫走卒就扣減你一個鐘點，大家都一樣每天就那二十四小時，完全要看你如何去善用這些時間，有的人一天可以當兩天用，讓自己的生活充實又有意義，但也有人成天無所事事，擁有再多的時光，也只是虛枉度過，等到歲月流逝，後悔已來不及了，這時就算你擁有多少財產，都不可能讓時光倒流，這也說明了「時間」是財富沒辦法換取的無價之寶。

生命也是如此，如果金錢買得到生命，那麼天底下就會有長命百歲的人了。后羿無須找王母娘娘要靈藥，嫦娥也不會因此奔月在廣寒宮中孤單度日，秦始皇也不必派徐福帶著童男童女到海外去尋覓延年益壽的仙丹了。曾是臺灣首富的郭台銘雖富甲天下，但仍只能眼睜睜的看著自己最心愛的妻子、手足因病逝去，生老病死是沒有人能倖免的呀！不過他也因此成立了基金會幫助弱勢族群，並捐款給醫療機構，期望他們能繼續研發，找到新的醫療技術，救治一樣為病痛所苦的人們，雖然他的親人無法復

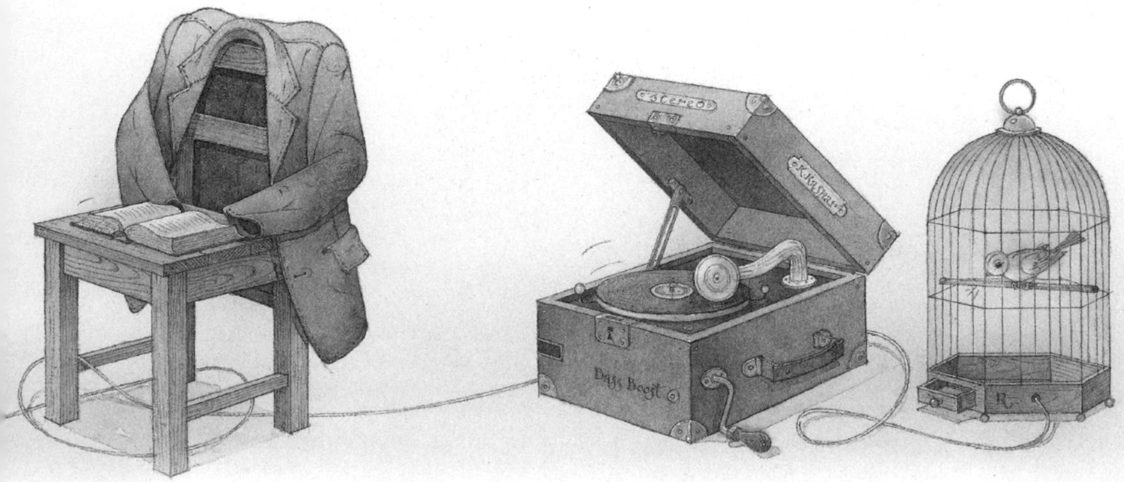

生，但因著郭台銘的善舉，使得他們的往生有了不一樣的意義了。

而友情、愛情也不是金錢可衡量的，如果我們靠著財富交朋友，你覺得這樣的情誼是真的嗎？能夠長久嗎？也許當你風光的時候，身旁確實會圍繞著許多的人，但你一旦失勢遭逢困境了，這些人也一定都跑光光了，這稱得上是朋友嗎？而這也怪不得人，因為你一開始就是以金錢作為拉攏人的工具，當千金散去時，誰還會留在你的身邊呢？愛情更是如此，如果你貪圖的是對方的家勢財產，那麼一開始這份感情就不是一個對等的狀態，你永遠都像是矮了一截似的，對方又怎麼會珍重你呢？所以友情也好，愛情也好，都是要靠自己真心誠意的去經營，你怎麼待人，別人也怎麼回報你，這是很自然的事呀！

親情更是如此，我們看過太多富裕的家族，因著財產分配問題而兄弟鬩牆，甚至對簿公堂鬧上法院，反而是很多貧寒家庭的手足，更懂得推棗讓梨，

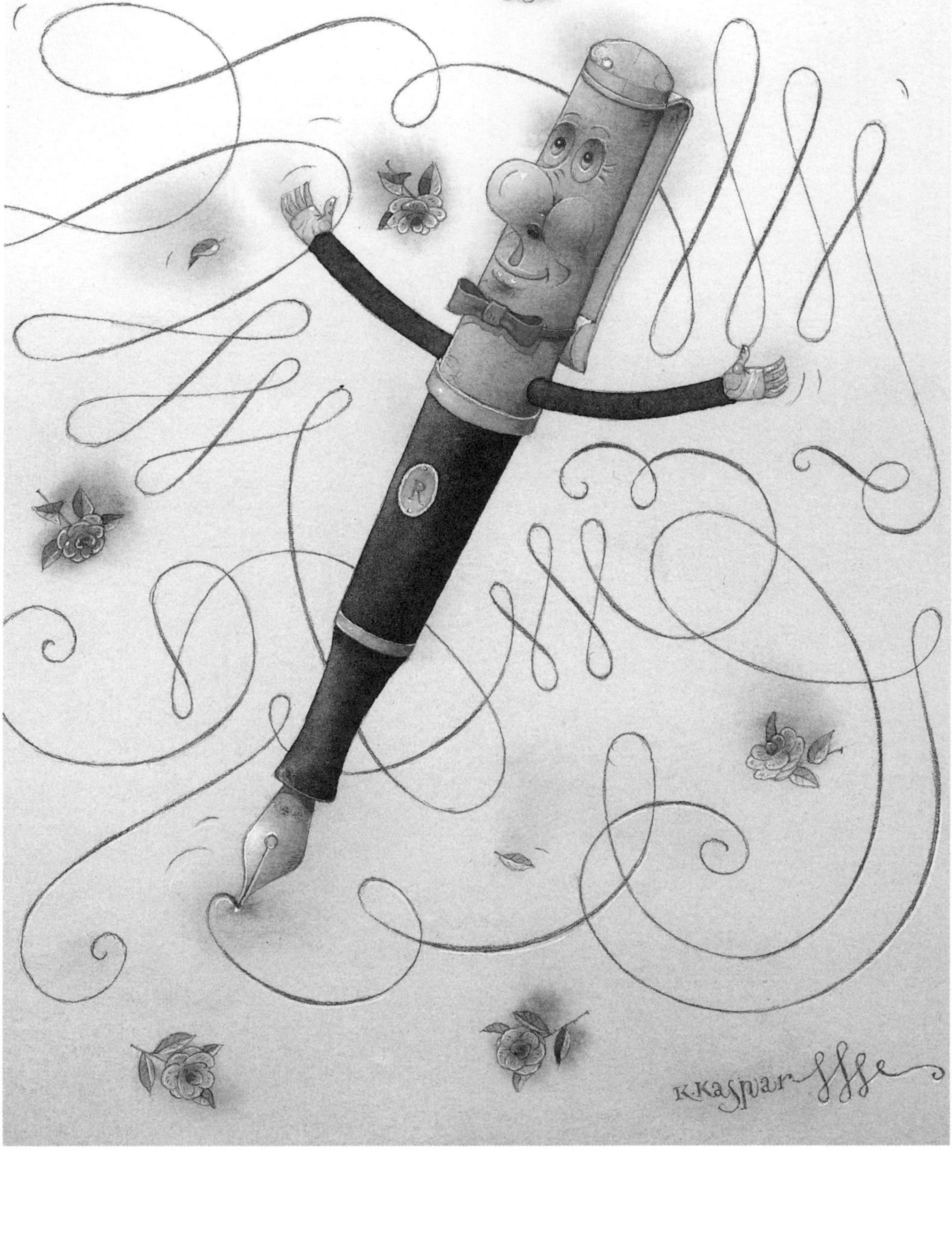
K.Kaspar

彼此守護、彼此分享，因為他們知道所有事物都是得來不易的，該倍加珍惜。有錢並不是罪過，只是當我們以為金錢是萬能時，很習慣就把一切看輕了，滿以為甚麼都是錢可以買得到的，殊不知，世間有許許多多的事物是無法以金錢來衡量的，這些就是我們所謂的無價之寶。

像聰明才智也是金錢買不到的，是的，有些人家庭富裕些，父母可以為他安排許多補習或才藝課程，但若自己無心向學，那花再多錢也是枉然，只是浪費時間浪費生命，甚至越補越大洞。相反的，太多人在沒有任何資源下，靠著苦讀自學開創了一片天地，他們成就了自己，也幫助了社會上無數的人，所以智慧與否，絕對不是金錢可衡量的。

而在享用地球給予我們所有資源的同時，我們是否曾經靜下心來想過，這些資源是永遠存在的嗎？會不會有用盡的一天？如石油及各種礦藏，當它們被挖掘殆盡的時候，到時候就算有錢也買不到呀！而且當我們濫用這些資源，造成環境生態的破壞，比如空氣的汙染、水源的枯竭、溫室效應的惡化，這些都是花再多錢也補救不回來的，而那些因此大量死亡已然絕種的生物，更是不可能重現在這地球上了，所以大自然的一草一木都是珍寶，是我們賴以生存的無價之寶呀！

你心中的無價之寶是甚麼呢？親人、朋友、生命、聰明、才藝、健康、幸福？還是一個乾淨無汙染的環境？今天你可以想一想在我們的身邊、在我們的日常生活中，有哪些事物是極珍貴，卻又是金錢無法換得的，可以將它們一一揀選出來，並把它們珍貴之處給描述出來，還可以更進一步談談我們可以如何珍重它們，畢竟有些無價之寶是必須細心呵護、努力培養，它們才能存在的，這也是我們今天寫這篇文章最大意義所在呀！

給父母的小叮嚀

在我們身處的環境中，物資不僅充裕，甚且已到了氾濫的地步，尤其在鼓勵消費的資本主義主導下，人們的物欲被饕養得如巨獸般難以控制，擁有已無法滿足，還要更好更新的，在這樣的競逐下，很容易就迷失自我，忘記了生命中甚麼才是最重要的，最值得去把握珍惜的。

大人的想法很容易就影響了孩子，當我們不自主的深陷金錢遊戲之際，孩子們是不是也漸漸步上了我們的後塵？有錢絕不是罪過，只是看我們如何去善用它，並明瞭它的有限，比如孩子的童年僅只一次，錯過了，即便有再多的財富也是無法換取的。

所以有時我們或可駐足思索一下，人的一生究竟在追求甚麼，當我們告別人世時，會縈迴腦海的是甚麼，名與利帶不走，我們能帶走或留下的又會是甚麼呢？於我，那會是滿滿的愛，這就是我心中的無價之寶，你呢？

3 手足之情

中國人會以手足來比喻兄弟姊妹是很貼切的，手與腳在我們生命中扮演著很重要的角色，如果少了它們，行動會變得窒礙難行，走路不方便，做所有事都不方便，也因此每當我們看到肢體障礙的朋友們，克服各種困難，如平常人一樣行動自如，總會心生敬意，因為那是多麼不容易的事。

既然雙手雙腳對我們是如此的重要，那麼也就可以意會兄弟姊妹在我們一生中所扮演的角色是多麼的不可或缺。當然在我們童年階段很難做如是想，天天和你朝夕相處的手足，常會因為生活中大大小小的摩擦，而令你氣得牙癢癢的，有時只是為了誰該倒垃圾、誰該先洗澡就吵翻天了，而父母也常因為要排解你們的糾紛而整天頭痛不已，但是當這些你有時恨不得他們即刻消失的手足出遠門時，又會覺得周遭變得異常安靜十分不習慣，因而不禁戀戀起他們來，這就是手足令人又愛又恨之處呀！

朱老師很幸運的有兩位姊姊為伴，尤其是隨著年齡增長，更是珍惜這份姊妹情緣，因為我們曾一起長大，所共有的回憶是這麼多，曾共享過太多的歡喜，也彼此分擔過許多的哀傷，還有誰的默契會比我們好呢？有時一個眼神、一句話語，就完全能明白對方在想甚麼，即便後來我們各自成家，展開不一樣的人生，但我們清楚的知道，就算遇到再艱難的事，我們都會互相扶持，一起走完這一生，人生有這樣的知己相伴，真的是很幸福的事。

我和姊姊的感情這麼好，但在我們成長的過程中，一樣有著數不清的「愛恨情仇」，該吵的架一樣沒少過，尤其是和我年齡較近的二姊，就常因為一些雞毛蒜皮的事紛爭不斷。我們很常鬥嘴，常火大的罵對方是豬，「你是豬！」「你是豬！」的說個不停，個性拗的我，很堅持最後一隻豬一定要從我的嘴裡吐出，因此常把二姊搞得毛到不行，有時睡一覺起來，見到她的第一句話仍是：「你是豬！」那時沒把她逼瘋也算奇蹟吧！

此外她也很愛管我，常規定我做這做那的，我就十分不服氣，有一陣子，還硬逼著我背唐詩宋詞，背得好沒甚麼獎勵，背不出來就要聽她數落，有一次背到李後主的詞：「春花秋月何時了，往事知多少，……」最後一句是「恰似一江春水向東流」，我卻忘了是甚麼水，河水不是、溪水不是，江水也不是，那會是甚麼水呢？最後二姊凶我一句：「是春水！笨蛋！」這「春水」又是個甚麼東西？約莫也把我給搞毛了，我們的詩詞教學就終止在這灘「春水」中了。

不過後來我發現，那段時期所背下的詩詞倒是都牢牢記在腦海中，一句都沒忘呀！所以有的時候，當弟弟妹妹的也別太抱怨哥哥姊姊老愛管東管西的，說不定他們的多管閒事會讓你一輩子受益不盡呢！

朱老師只有一個獨生女，記得她小時候常跟我要一個弟弟或妹妹，在家沒有玩伴的她，有時真的會無聊到發慌，但自從叔叔嬸嬸新添了一個男娃娃後，她就不再做這樣的要求了，因為只要和堂弟在一起，便甚麼都要讓他，大人總是說：「弟弟年紀還小，不懂事，要讓他。」這已經是很不公平的事了，有時弟弟莫名其妙哭了，也會懷疑是不是受到姊姊欺負了，或大的沒照顧好小的，這真是讓做姊姊的委屈不已，因此她後來曾好生安慰的說：「好佳在，我沒有弟弟，也沒有妹妹。」

當然有意無意會欺負比自己年幼的哥哥姊姊也不少，我就曾看過把弟弟藏在冰箱角落裡

的檸檬紅茶給喝了的姊姊，還理直氣壯的說：「咦？放在冰箱的東西，不是公家的誰都可以吃嗎？」這真的會把人給氣哭，當這弟弟真哭了，做姊姊的還會在一旁戲謔道：「這有甚麼好哭，真是個愛哭鬼。」一這時做弟弟妹妹的只好拿出殺手鐧——告狀去也，這也更加深了哥哥姊姊的嫌惡。

還有每次媽媽交代甚麼事，哥哥姊姊一定想盡辦法賴給弟弟妹妹，諸如洗碗、倒垃圾、收衣服、摺衣服，如果你不依他，那下次功課有問題，也別想他會教你了。當大的有求於小的時，諸如幫他跑腿呀！借他東西啦！幫他掩飾過錯之類的，好些的哥哥姊姊會以利誘方式說服弟妹，糟糕的可能就會以威脅的方式，不管是語言暴力，或真的肢體暴力，那大概會是手足間最大的噩夢吧！我誠心希望這事永遠都不會發生呀！

但是，當父母不在家時，突然你又會覺得全天下只剩下手足和你相依為命了，朱老師就很記得小時候父母出門應酬時，二姊是怎麼做蒸蛋給我吃的，也記得當我傷心找媽媽時，大姊是怎麼哄我開心的，當我們在外受到欺負時，我們姊妹仨又是怎麼團結一氣，對付那些臭男生們的。所以，手足真的是我們童年成長過程中，絕對少不得的同伴。

但是現在臺灣少子化的緣故，很多夫妻都只生一個孩子就打住了，如果你正是這樣的獨生子、獨生女，那麼在寫這篇文章時，手足的範圍可以擴大至堂兄弟姊妹或表兄弟姊妹，即便你們並沒有生活在一起，但逢年過節家族團聚時，還是會有許多相聚的機會，你和他們相處的狀況如何？久久見一次面，會不會讓你們的情感特別深厚？因為你們可能連吵架鬥氣的時間都沒有。

今天就讓我們將兄弟姊妹相處時的喜怒哀樂都寫出來，尤其是可以多從生活中舉一些實際的例子，讓別人能分享你們的手足之情，即便其間穿插著一些負面的情緒也無妨，只要以幽默的筆法寫出，相信一定能博得大家會心一笑的。

給父母的小叮嚀

孩子們之間的紛爭，該是做父母最頭疼的問題吧！尤其是牽扯到親族間孩子的糾紛更是難以排解，輕也不是、重也不是，真是一個頭兩個大。但有時真的可以平常心看待，只要盡可能做到公允及耐心陪伴，並相信孩子們自己有能力處理，或許會讓事情更能朝好的方向發展。

孩子與手足同儕間的相處，會是長大成人後人際關係的縮影，若這時干預太多，反而會讓他失去了學習的機會，有時聆聽會是更好的方法，當孩子的委屈有傾訴對象時，心中的憤懣便能得到抒發。或者也可鼓勵他以文字記錄下這些點點滴滴，經過一番爬梳整理後，孩子們也許更能釐清事情的來龍去脈，明瞭錯不見得都在對方，從而更有自省的能力。

4 秘密花園

不管是大人或是小孩，在面對工作或課業壓力太大的時刻，總會有需要獨處，或者和自己的死黨躲在一個角落說悄悄話的時候吧！這時屬於你獨享或和友伴們共享的秘密花園就出現了。它可以是校園中的一方園地，也可以是社區裡和同伴們玩耍的秘密基地，或者它深藏在你心中的一個角落，這個無形的角落，你可以用音樂、閱讀或畫畫來填滿它，當然寫作也是一個讓自己沉靜下來的方式，如果願意，也可以和自己的好朋友共同書寫交換日記，這些都算是屬於自己或和死黨共同擁有的秘密花園，不

僅讓自己有獨處的空間，也會讓友伴彼此間的情誼增溫，還能留下寶貴的成長記錄。

許多孩子在學齡前的一段時間，會喜歡在家裡的一個角落，布置專屬自己的小窩，哪怕這個小窩只是用紙箱或沙發墊隨意搭建的，且躲在裡頭也只是發呆而已，但就是會讓這些小小孩產生莫名安定的感覺，所以做父母的千萬別太擔心，還以為自己的孩子在搞自閉，其實他們只是順著天性，在為自己尋找一個秘密花園罷了。而在國外，許多孩子會在家附近蓋一個樹屋，然後把自己的寶貝都搬到裡頭去，接著邀請自己的死黨進到這小小的

天地中，在裡面聊天玩耍，自製一些奇奇怪怪的東西，說一些只有這一夥人知曉的秘密，老師管不了，父母也不會管，這是他們專屬的世界呀！

你小時候曾經有過這樣的經驗嗎？在讀幼稚園時，曾一個人縮在溜滑梯下的角落，像隻小獸一樣，看著玩伴們在太陽底下嬉戲？或者你也曾在所有人都睡倒的午后時光，清醒的睜著大眼，天馬行空的讓思緒飛到好遠好遠的地方？當你稍長，進入小學讀書後，是不是又發現在偌大的校園裡，有好多人煙罕至的角落，不時會吸引你過去窩窩，它可能在一棵樹下、一個偏僻的花壇旁，或者是樓梯下一處陰暗的角落、體育館堆置器材的夾縫裡，當你找著這樣一方天地，你會和自己的死黨分享嗎？你們又會在這秘密基地做些甚麼事呢？

我記得，在小學五年級時，班上轉來了五個花一樣的女孩，她們的言行舉止十分秀氣，和我這野孩子完全不同，她們默默觀察了一個月才接納我，讓我成為她們的一員，我因此才知道原來她們有個秘密基地，就在教職員停放腳踏車的棚子裡，我們下課常聚在那兒，其實也沒甚麼事，不過談些女孩家的事，唯一稱得上秘密的大概就是誰喜歡誰吧！

有時我們也會約定在星期日一塊出遊，各自帶一些吃食，坐著公車到附近景點走走，那時我們常去的地方是圓山大飯店山腳下的公園，坐在那草地上聊天野餐，其中一位女孩家裡因為信奉伊斯蘭教，所以她準備的常是土司麵包夾牛肉片，這在當時是多麼稀罕的餐點，其他人包括我在內，都好想和她交換吃食，這是我和這個小圈圈共處一年，記憶最深刻的事。

在此同時，男孩們也有屬於自己的秘密基地，他們倒是很認真的用一些破桌椅做了防禦工事，還派幾個小嘍囉在外把風，如此這般不被發現也難，有時女孩們便會結夥去踢館，於

13
K.Kaynar

是一場男孩女孩的戰爭就此展開，不管最後誰勝誰負，他們都會另覓一處基地，再等著我們直搗黃龍，很奇怪的是，我們那秘密花園倒是沒被發現過，也許男孩們把全部心力都花在重建他們的新基地了吧！

現在我到學校上課，有時也會看到一些比較文靜的孩子，會自己一個人坐在校園的角落看書，或兩人一組的在那兒說悄悄話，這時我會十分好奇他們都在說些甚麼，像我們小時候一樣說一些瑣瑣碎碎的事，只為了證明彼此的情誼不是別人能比的？還是真有甚麼煩惱必須找人傾訴？是不是考試考砸了？還是和同儕或家人之間，有甚麼難以解決的紛爭？

現在我在家裡，有時也會需要一個角落靜一靜、想一些事情，在我們的院子裡，有一個木頭搭的亭子，我常會坐在那兒看看遠山，也觀察一下身邊的花花草草，這時我的貓咪便會一隻一隻的聚攏過來，牠們坐在我的身邊不吵不鬧，只是靜靜陪伴著我，如果這時狗狗們要來湊熱鬧，我便會跟牠們說：「現在是貓咪時間，狗狗走開。」牠們便會很識趣的抹抹鼻子離開，於是我和貓女們便可以享受一段寧靜的時光。

而一支筆、一張紙，同樣也可以讓我獨處冥想，這時腦子如天馬行空，徜徉在海闊天空的世界裡，誰也無法干涉我、左右我，因此寫作也會是我的秘密花園。至於閱讀呢！就更是我的避風港了，它可以讓我歡喜，也可以讓我深思，還可以讓我穿越時空，與古今中外的作者交朋友，不管他是外國人，或千百年前早已作古的文人，我都可以透過文字和他們做心靈的交流。所以只要有一支筆、一本書，我就可以長時間的獨處，窩居在我的秘密花園流連忘返。

而你呢？在生活中有那麼一塊園地，讓你的身心靈可以得到片刻休憩的嗎？它可能是具體的花園一隅、校園一角，或你居住的臥室、常去的圖書館，它也可以是你的某項興趣專長，一旦投入便會讓你忘卻所有的煩惱，它是一個避風港，也是專屬你、或只能和死黨共享的秘密花園，今天就讓我們一窺你的身心靈休憩站是甚麼模樣，而且也可以談談你在這秘密花園都留下了甚麼美好回憶吧！

給父母的小叮嚀

每當我們工作壓力太大，或心底有煩憂時，總會想找個角落靜一靜，或約個知心好友聊一聊，孩子們也是一樣的，他們也有屬於自己煩惱傷心的事，哪怕大人一點都不覺得那是個問題，但這時我們仍要適度的給他們一些空間，讓他們有喘口氣、靜一靜的時候。

孩子除了上學，多少都有些校外的課要上，他們的壓力並不比大人少，因此時間分配就變得很重要了，若自主管理良好的孩子是不必太擔心的，但若還年幼或沒這習慣的，或許父母可從旁協助，每天除了課業才藝占去的時間，多少也留些空間，讓孩子們做一些自己想做的事，閱讀也好、繪畫也好，哪怕只是發呆都好，這片刻的休憩，會讓人接下來的步履更清明更踏實，這也可以培養孩子獨處的能力，這也是秘密花園存在的意義呀！

5
聽海

在我們的太陽系中，有無數的行星、衛星及彗星，但其中只有地球能孕育生命，在這一顆像藍寶石般的星球表面，有百分之七十是被海洋包覆的，這汪洋大海是所有生命賴以存活的根源，以人類來說，她就像一個母親，除了提供食物及鹽分，還源源不絕供給我們乾淨的空氣及水分，如果沒有她，地球會像其他星球一樣死寂一片。

我們每天所飲用、使用的水，雖然不是直接來自海洋，但是經由陽光照射，純淨的水蒸騰到空中，凝聚成雲，再化為雨水落在大地，匯集於河川、湖泊，我們就可汲取使用了。而當人類用過的廢水排到河裡，最後又會回到大海，無論其中包含了多少垃圾、多少化學汙染，最終都得靠海洋

過濾，我們才能有潔淨的水可用，海洋真的像是一個任勞任怨的母親呀！

而每當夏天來臨時，大家都很喜歡往海邊跑，從事各種水上活動，臺灣四面環海，只需短短的車程，就能讓我們遠離塵囂，投向大海的懷抱，遼闊的海洋總能撫平我們鬱結的心，這時的她就像一個溫柔的母親，讓我們在她的懷裡恣意歡笑。回想起來，童年有多少美好的回憶都和海有關呀！我記得第一次露營，三天兩夜的活動便是在金山海邊度過的，雖然炊煮食物、洗澡、上廁所都很克難，但我永遠記得在沙灘上舉行的營火晚會，和在那沒有光害的星空下，對著一顆顆流星許願的情景。

後來有一段時間我住在淡水，就更有機會親近海了，不管是海灘、漁港、礁岩，北海岸豐富的地形地貌，讓我對海有了更深一層的感情，有時就只是在港邊看著漁船進進出出也能讓我佇立良久，尤其是漁船進港卸漁獲時，總讓我興奮莫名，但當我看到還活蹦亂跳的魚蝦蟹在籠裡掙扎時，又心疼不已，恨不能將所有漁獲買下，再放牠們回到大海媽媽的懷抱。

所以我更喜歡挑一個不是假期、沒有人潮的日子來到海邊，一個人靜靜坐在大石頭上，聽著海浪一波一波的沖刷著岩岸，如果是冬天，那灰藍的海似乎更添了一份寂寥，這時的她像似情緒低落的母親，有許多的話想傾訴，如果，我們願意靜下心來聆聽，你想，大海媽媽會告訴我們甚麼呢？

她會提醒我們別再把垃圾往她身上丟了嗎？也許有人以為把廢棄物拋進溪河裡，大水一沖自然就不見了，但這可不是變魔術，這些垃圾是不會憑空消失的，它們最終都會流向大海，這不僅讓她變得又髒又臭，有些透明的塑膠袋還被海龜寶寶誤以為是水母給吞食了，也因此喪了命，像最近擱淺並喪命在臺灣海灘上的抹香鯨，經解剖後才知道造成牠死亡的原因，是牠的腸胃裡塞滿了塑膠製品，包括漁網也在內，這是多麼悲哀的事。

還有人類的貪婪，濫捕濫殺的結果，也讓海洋資源愈來愈枯竭；而那些工廠製造的汙水，更是直接排入海中，讓好多海中生物暴斃，有些倖存的也變成了畸形兒；另外運送石油的船隻一旦漏油或翻覆，也會造成廣大海域受到汙染，甚至架在海上的抽油平臺，若操作不當引發海底原油外洩，那真的只有生態耗劫可形容了，不僅海裡游的，連天上飛的海鳥也無能倖免，這是多麼可怕的事呀！

此外人們大量排放廢氣造成溫室效應，也讓極地冰山溶化，海平面不斷上升，不僅北極熊瀕臨絕種，許多島嶼也將被淹沒，大海媽媽絕對不希望自己這樣無限制的發胖下去，這不僅危及她自身的健康，也會使陸地上的生物生存空間愈來愈小，如果有一天，像電影《水世界》或《2012》中的情景一樣，整個地球都被海洋所覆蓋，人們只能在沒有盡頭的汪洋中生存，就算有好似人工島嶼的大型船隻可供少數人安身，但賴以生存的淡水要如何取得，沒有

植物綠地要如何活下去，那簡直可以說是世界末日的降臨。我相信這絕對不是大海媽媽所樂見的，更不是我們所能承受的。

我們這些人類就像任性的孩子，對大海媽媽予取予求，只顧自己方便，只顧自己享樂，似乎從未想過如此會增添大海媽媽多大的負擔，難道真的要等到有一天我們身處的環境崩毀，大海媽媽也束手無策時才後悔嗎？所以當我們歡樂的在海邊戲水、堆沙堡、捉螃蟹時，是否也可偶爾靜下心來看看海，聽聽她想和我們說些甚麼。

如果我們真的願意傾聽，你想大海媽媽會和我們說些甚麼呢？她會讚許我們人類是好乖好聽話的寶寶？還是會哀傷的告訴我們她已經病了，再也承受不了我們恣意妄為對她所造成的傷害？我想她當然歡迎我們多多親近她，但是不是能不要再製造那麼多的垃圾及汙染到她的懷裡，只有她健康，人類及所有生物才能快快樂樂地繼續生存下去呀！

今天我們就以海洋為題，可以從環保的角度切入，探討人與海洋的關係，也可舉一些親近海洋的經驗，描述徜徉在大海懷抱的感受，當我們在沙灘上嬉戲玩水時，你是不是發現了海洋的美？是不是也記起了她給予我們賴以生存的各種資源？這些你所看到的景色，以及所感受到的種種，都可以化為文字書寫出來，就像一開始朱老師所舉的與海親近的例子，露營也好，漁港之旅也罷，都是今天可以寫的題材。題目可以自訂，只要是和海有關即可。我也好希望未來當我們每一個人再次面對那遼闊深邃的海洋時，能心存謙卑與感恩，並好好珍愛這我們賴以生存的大海媽媽。

給父母的小叮嚀

臺灣是一個四面環海的國度，海洋對我們來說是如此親近，又如此陌生，我們隨時可來到海邊嬉戲玩耍，但我們對海洋的瞭解又是如此有限，人們真的明白海洋對地球生態的重要性嗎？它除了提供我們大量的食物及生理必需品食鹽外，大氣與水資源的循環，更是所有生物賴以生存的要件，若人類製造的各式汙染，使海洋不堪負荷，她的調節過濾功能一旦喪失，那麼也等於宣告世界末日的來臨了。

所以，今天在書寫這個題材時，除了描述與海洋互動的喜樂，還可鼓勵孩子盡量以環保生態的角度切入，談海洋對我們的重要，或自己所觀察到海洋受傷害的慘況，進而激發孩子們珍惜守護海洋的決心，就此在他們稚嫩的心裡，植下一顆保護海洋生態的種子。

6 颱風天

每當到了熾熱的夏季，在這豔陽高照的季節裡，除了有小朋友最愛的漫長暑假，還是颱風最常出現的時刻，臺灣處在太平洋濱，每年或多或少都會遭到颱風侵襲，幸運的是，我們有中央山脈為屏障，只要是從東岸登陸的颱風，都能因為高山的阻擋，使颱風的威力減弱，甚至有的颱風因為跨不過那綿延的山脈而消失無形呢！但近年來氣候極端變遷，颱風來襲所帶來的強風豪雨，都會釀成無法想像的災難，因此面對每一場颱風都不可掉以輕心呀！

但是在我還小的時候，一聽到颱風預報，卻是期待多過畏懼呢！也許是因為小孩子不懂得人間疾苦，也不明白大人的擔憂，心裡想著的都是放假的輕鬆，以及防颱準備的大採購。就拿那時候剛出現在市面上的泡麵來說，一包的價錢可吃兩碗陽春麵，這貴得要命的東西，只有在颱風前會整箱的出現在家裡，因為颱風停電沒辦法煮飯，它就會是最好填飽肚子的應急食品，而我最喜歡把它捏碎了，撒上調味包乾吃，就算挨媽媽罵也要偷著吃；此外颱風過後，我們住的眷村也會收到一包又一包的軍用口糧，裡面那一片片硬得跟木頭的餅乾，不知道磕掉了多少小孩的乳牙，但它附帶了一小包牛肉乾、橘子粉及薑糖，卻是我們的最愛，所以只要聽到颱風要來，就代表著又有好吃的零嘴可享用了。

那時節，颱風來臨前，總會看到爸爸及鄰居叔叔伯伯們，好認真的在那兒修剪樹木，蠟燭、火柴、手電筒也準備妥當，媽媽們則會把家裡所有容器都裝滿了水，以防到時候停水，陷入無水可用的窘境，接著還會到雜貨店買些乾糧存放著，最好再到菜市場搶些蔬果囤積，因為颱風過後，蔬果價錢一定被炒作到貴得驚人，而我們這些小孩子則繞著大人身邊瞎忙和，這異於平常日子的防颱準備，簡直和過年差不多呀！

颱風來臨前的傍晚，天邊總是特別璀璨，那如火焱般的晚霞，好似在預告著將要發生甚麼大事似的，這讓我們既忐忑又興奮。隨著夜晚的降臨、颱風漸漸的逼近，在風雨不斷增強下，很快的電源就在驚呼聲中停了，爸爸拿起早準備好的手電筒，把蠟燭一一點燃，頓時屋子從駭人的漆黑，綻放出一朵朵的燭光，接著一家人便聚在這溫暖的光暈中，繼續吃飯或聊天說笑，我總記得那時無法夜耕寫稿的父親會用他的雙手，變幻出栩栩如生的狼狗、老鷹、兔子，透過燭光投影在白色的牆壁上，牢牢的攫取了我們的目光，父親還會說一些怎麼也聽不厭的老家傳奇，這些關於狐仙、黃鼠狼的故事，同樣令我們聚精會神到目瞪口呆，而屋外強風所造成的特殊音效，更加深了那神祕詭譎的氣氛，這一個又一個的颱風夜都成了童年不可磨滅的記憶。

隔天的清晨，大家忙著聽收音機，一旦聽到不用上班上課，全家人都樂成一團，即便停電停水造成極大的不便、外面的風雨仍駭人的發威，但白賺到一天的假期，讓大人小孩都開心不已。直至風雨停歇，大夥便會出得屋來檢視災情，這才發現颱風簡直像個破壞大王，有的人家屋頂都給掀開了，有的路樹則被連根拔起，至於那沒收好的花盆水桶及一些雜物，則全被搬了家、出現在不該出現的地方，至於住在低窪地區的人們，災情就更慘重了，許多家具泡壞了不說，屋裡還淤積了厚厚一層泥漿，要費好大力氣才能使家園恢復原狀。

但即便如此，每當再次聽到颱風來襲的消息，小時候的我們仍是難掩雀躍之情，除了颱風假、額外的零嘴吸引著我，在風雨中一家人聚在一起的溫暖，應該也是讓我期待颱風來臨的原因之一。

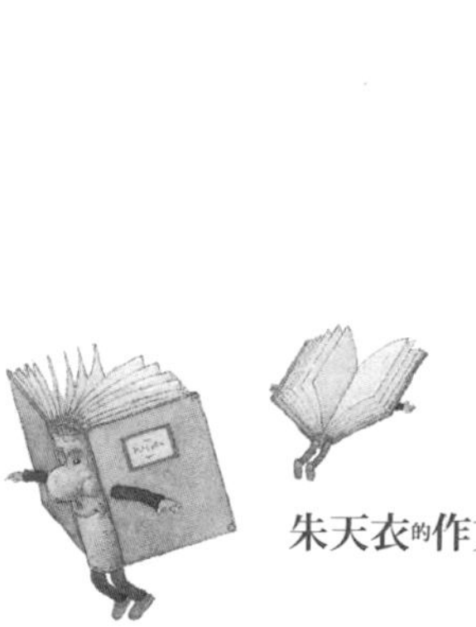

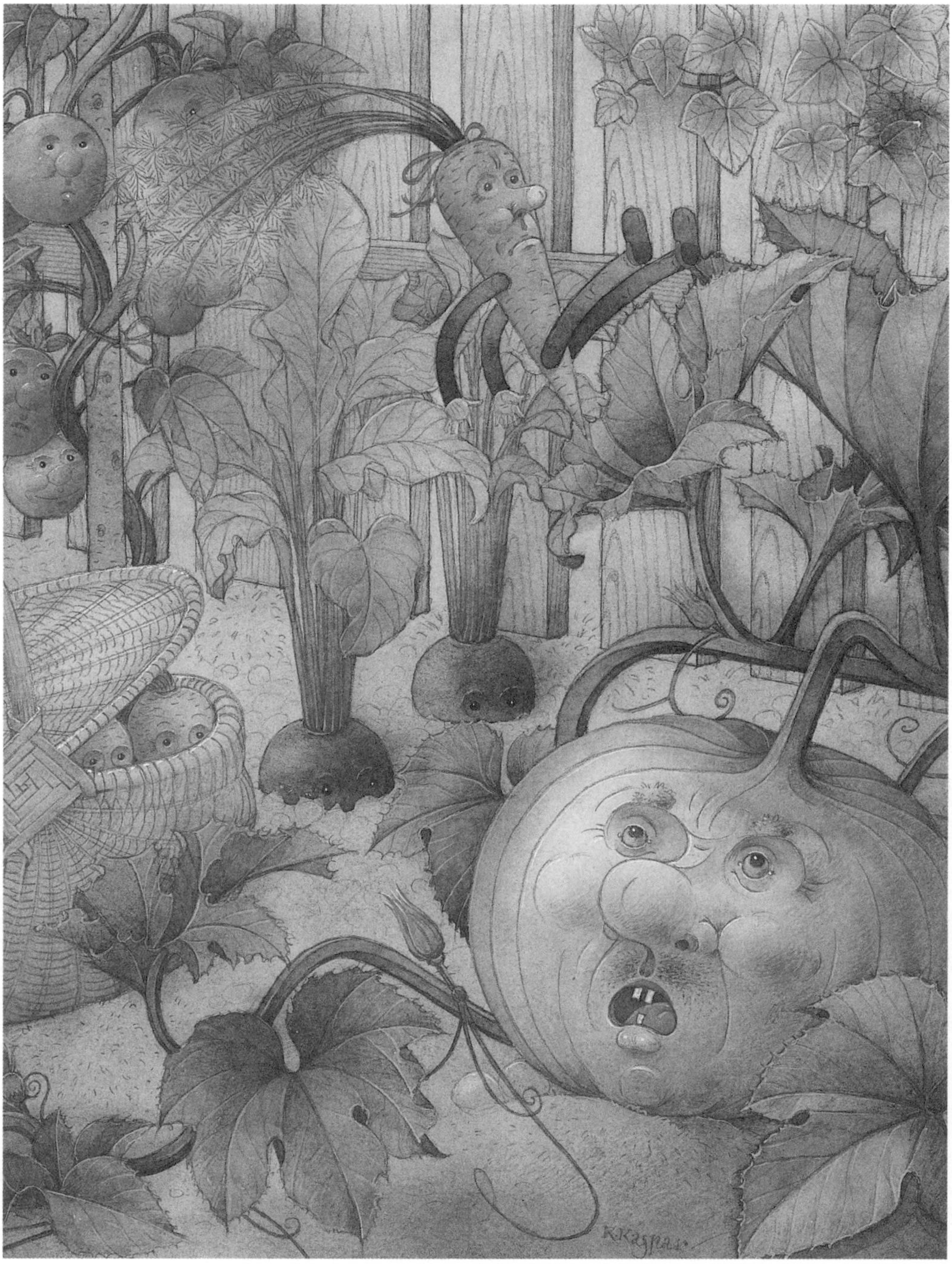
K.Kaspar

不過自從我搬到山上以後，對颱風就再也不敢心存期望了，尤其最近的蘇迪勒及杜鵑颱風來襲，真叫我們吃足了苦頭。號稱地表最強的颱風蘇迪勒，把我辛苦栽種的玉米吹得兵敗如山倒，七百坪的庭院也滿目瘡痍，好不容易收拾整理妥當，像瘋子似的杜鵑又緊接來襲，她颳的風極強，躲在屋裡仍覺得危險，那瞬間陣風幾乎快把屋頂都掀翻了，屋旁的馬武督溪也成了一條爆怒的河流，大石頭在水裡翻滾的聲音，震得屋子轟隆隆的更是讓人徹夜難眠。隔天清晨起來，好多高大的樹木都攔腰斷裂，滿地落葉殘枝，又讓我們花了一個多星期才整理乾淨，不幸中的大幸是所有毛小孩，包括貓狗雞鵝及鴿子都安然無恙。

最神奇的是平常風再強雨再大，雞群們始終堅持踞守在屋畔的茄冬樹上，蘇迪勒來時也不例外，但杜鵑即將到來的那個下午，眾雞兒們卻早早躲進了倉庫下方，我還十分納悶牠們這異於平常的行為，不想傍晚風雨大作時，才發現風向和平時相反，是打從西邊吹進來的，那迎風的茄冬樹首當其衝受災最慘，平時雞兒們駐足休息的枝幹全都被吹斷了，牠們是如何預知風向躲過危險的？如此料事如神比氣象局都厲害，真該讓牠們去播報氣象的。

你呢？聽到「颱風」兩個字，心情如何呢？是不是和朱老師一樣既期待又怕受傷害？你們家也會做防颱準備嗎？當屋外颳著強風下著暴雨時，你會害怕嗎？還是突然覺得自己擁有一個溫暖安全的家，是多麼幸福的事。當停電不能看電視、玩電腦時，你又是如何消磨這多出來的颱風假呢？你發現沒？關於颱風，真是有太多可以發揮的題材，今天就讓我們一起回憶並書寫這夏天常光臨臺灣的破壞狂——颱風，所帶給我們的一切經歷與感受吧！別忘了，要多多描述颱風的威力，把它那張牙舞爪、惡形惡狀給生動的描繪出來呦！

給父母的小叮嚀

每年來襲的颱風，總讓臺灣又愛又怕，怕的當然是強風暴雨帶來的災害，但它又和梅雨一般是供給水庫儲水的來源，若遇到旱年，還不得不期盼它的來臨。孩子們一樣是抱著既期待又怕受傷害的心情迎接颱風的，當然他們想的不是水資源的問題，而是會不會放颱風假的緣故，這也不能太苛責孩子，畢竟連大人在內，很少會有人不喜歡放假的。

颱風來襲雖風強雨大，但若有一個安身溫暖的家，多半是不會造成太大傷害的，這時待在屋裡停電停水無事可做時，在安全許可下，便可鼓勵孩子多觀察屋外風雨交加的景象，也可在颱風過境時，透過新聞瞭解一下各地的災情，引導他們以人溺己溺的心情關懷受創的災民，也試著以文字記錄下這些點點滴滴，以及心中的感受。當大自然發威時，這些令人生畏的破壞力量，絕對是很適合書寫的題材。

7 傷疤

我所認識的所有人中，大概沒有人身上的傷疤比我還多的，孩提時留下的疤痕就不用說了，連上了年紀還不時掛彩，就真有些說不過去了，但誰叫我是個摔跤大王，這可是父親為我取的綽號，大概是為了不辜負這名號，所以至今我仍三不五時的常跌倒，這又要怪我住在山林，院子高低起伏沒有一塊平坦，有時急著要排解貓貓狗狗的糾紛，跑快一些便腳底打結摔個人仰馬翻，一次跌在止草磚上，膝蓋磕出個「Y」字型，好似乳牛被人在身上烙下一個永久的記號。最近則因為收養了一窩小貓，牠們不僅把我當貓媽媽看待，還把我當樹爬，我的腿上因此滿是爪痕，害得我溽暑也不敢穿短裙。

小時候，就不一樣了，疤痕不僅不需要遮遮掩掩，甚至還可以拿來炫耀呢！記得那時候在外面玩，逢著午後雷陣雨，我們一群小蘿蔔頭就會靠著牆、坐在走廊上等雨停，有時無聊得發慌，就會比誰身上的疤多，手腳上看得到的比不過癮，連衣服都掀開來比，有的男生還把褲子拉下來露出一節屁股，好證明他說的那道疤痕確實存在。

朱老師的臀部倒沒甚麼疤痕，但手上腳上的傷就數不清了，尤其是四年級學騎腳踏車那段時間，有一半的疤就是摔車摔出來的。我們小時候沒有小孩車，都是趁爸爸出門上班，偷偷的把那可載貨的大人腳踏車，牽到大馬路上跌跌撞撞學會的，這車又重又高，坐在上頭腳丫根本踏不到地，有時靠著同伴在後頭扶著，險險的跨上去，歪歪扭扭沒騎幾步就硬生生的摔了下來，摔久了抓到訣竅可以騎得比較遠了，這時問題又來了，因為還不會下車，只好把速度放慢，慢到快停了，再次靠摔的下得車來，如此學騎車，不遍體鱗傷才怪。

但真正受傷嚴重到會留下疤痕的，反而是後來已學會騎車藝高膽大造成的，有一回在外

公家，借了一位叔叔的車到外頭兜風，正對著外公家大門是一條又直又寬的路，我騎著騎著便不老實起來，心想這路閉著眼都能騎，於是我便真的闔上眼往前騎，正想差不多該到大門口了吧！未料一睜開眼，前頭堵著一面牆，還來不及反應，連人帶車的便直接撞了上去，龍頭歪了，腳也瘸了，只差沒在紅磚牆上留下個人形標記。

那時只顧著車有沒有撞壞，無暇管腿上的傷口如何，不想幾天後小腿脛撞傷的地方開始隱隱作痛，又過了幾天傷口結痂的周圍變得紅腫發熱，至此我仍不以為異，繼續的追趕跑跳玩得不亦樂乎，是後來從那傷口不時冒出一股一股暗紅色的血，老師看到了才提醒我該去醫院治療了。

我還記得媽媽帶著我到大醫院求診時，那外科醫生說的話：「妳最好拖到明天再來，直接把腿鋸了就可以了。」媽媽這才知道事情的嚴重，我從小受傷不舒服是從不會向大人訴苦的，一來怕大人擔心，二來怕討一頓罵，這次就因為這緣故，險險被截肢。後來醫生為我上了麻藥，清瘡清出一大堆壞死的膿血，後來又持續了好幾次治療，才把我的腿給保住了，但也因此在左小腿上留下一道疤痕，這

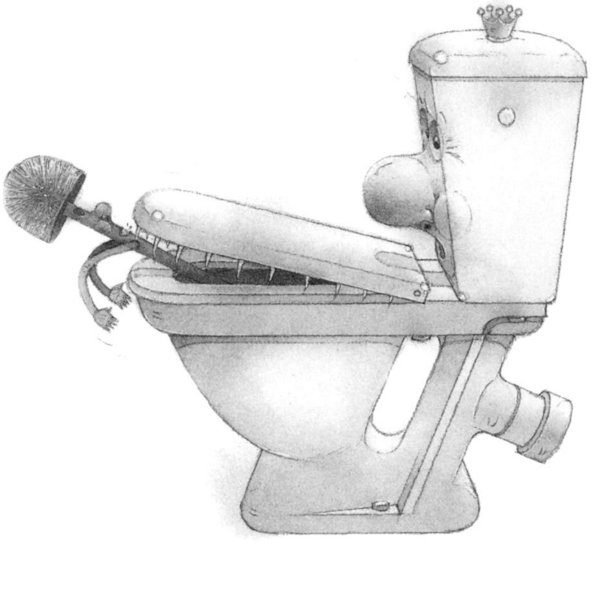

已經是不幸中的大幸了。所以小孩子有甚麼不舒服一定要和大人說，不然延誤就醫，後果就不堪設想了。

除了這道像五元銅板的疤痕，朱老師的手上還有削鉛筆時被小刀劃出的痕跡，那次是新買了一把銳利的小刀，等不及下課，便在課堂上試用了起來，又怕被老師發現，只好把手藏在桌子下削鉛筆，一個不留神，小刀便把大拇哥給劃出了一道長長的口子，連指甲也削成兩半，鮮血自然是不停的冒了出來，我自己也知道闖了大禍，一聲不敢吭的握住受傷的手指，只期盼它快快止血，後來是坐在旁邊的女生發現了，花容失色的高喊：「朱天衣流血了。」這才被老師領到保健室，給裹了好大一圈紗布，才回教室繼續上課，那時才二年級的我，在老師眼裡應該也是個頭疼人物吧！

在我的右手掌上也有被老虎、猴子咬過的齒印，會留下這些疤痕，都怪我見到甚麼動物都想摸、都想打交道的天性使然，連老虎都敢摸的我，那臺灣獼猴更是沒在怕的。那次是因為看到一隻被人用鍊子拴養的小猴子，甚是可憐，忍不住向前和牠說說話，看牠並無敵意，便伸出友誼的手

讓牠嗅聞，原以為牠也會友善的和我握握手，不想牠抓起我的手就往嘴裡塞，那痛呀！就像被門夾到一般，牠一邊咬還一邊看著我的反應，若當時我有任何戲劇化的表情，肯定會讓牠興奮得更抓狂，因此即便痛到骨髓了，我仍面無表情的瞪著牠，後來約莫牠也覺得沒啥趣味便放了我一馬，手抽回來後，發現上面清楚留著整排齒印，瘀青了好一段時日才消腫，所以不熟識的動物，可千萬別靠近，即便看起來溫馴，卻未必沒有危險存在呀！

那麼你呢？是不是也有很多屬於你自己的受傷故事？也許你可以先檢視一下自己的身體，是不是有一些平日忽略的疤痕，而在它們的背後，是否存在著遺忘已久的往事？它是一段恐怖的記憶嗎？或是一個令人哭笑不得的童年往事，當然它也可能會讓你憶起某一個人，是他不小心造成你傷害的嗎？或者因為這次的受傷，讓你深深體會到某個人對你的關愛。

像朱老師至今都還記得那次小腿受傷，從醫院出來，剛手術後的我有些不良於行，媽媽便背著我走過地下道至對岸搭計程車，身材矮胖的她走得好喘，趴在媽媽身上的我為此自責不已，我暗暗發誓，再也不讓媽媽那麼辛苦了，之後，我雖然做不到不再受傷，但至少我可以不再延誤病情，讓她擔驚受怕了。這也是寫「傷疤」這主題時，可能會觸碰到的親子情深呀！

給父母的小叮嚀

只要孩子會自主行動、會玩耍了，就很難避免受傷的發生，輕微的揉一揉擦擦藥就過去了，嚴重些的難免就會留下疤痕，這些疤都是父母心頭的痛，對孩子來說也是一道道不可磨滅的記憶，當然事過境遷後，我們可以比較輕鬆的心情看待這些往事，就當是孩子成長過程中必經之路吧！

當我們細數身上那一道道疤痕時，會發現每一道傷口背後都有一個故事，有的是玩耍時造成的，有的是不小心造成的，受傷的當下，除了疼痛，應該還有著驚嚇，那一刻心底複雜的情緒便很值得書寫，而四周的人反應又是如何，這時親情友情便成了撫慰脆弱心靈的一帖良藥，鼓勵孩子在回憶傷痛之餘，也把那流動於親子友伴間的真情，徐徐的描繪出來吧！

8
秋涼

隨著一場又一場的大雨降下，氣溫也慢慢地往下掉，溽暑似乎漸漸離我們遠去，帶著涼意的秋天已悄悄的來臨了。臺灣是亞熱帶氣候，秋季不是那麼明顯，有時短暫的一晃眼就過去了，特別鍾愛這季節的我，因此分外珍惜這段短暫美好的日子，經過一個夏天的燥熱嘈擾，進入秋涼後，總會讓人沉靜下來想很多事，頭腦似乎也變得清醒許多。

我會特別愛秋天，除了天氣變得涼爽，心境得以沉澱外，我所喜歡的許多美食也都在這個時令出現，比如柿子、柚子及綠皮橘子，都盛產於這個季節，其中柿子又是我的最愛，不管是軟柿、脆柿、甜柿，甚或是柿餅，都讓我愛得不得了，軟柿中那一片一片的種子，甜甜脆脆的，小時候的我總會把它們留到最後享用；近幾年臺灣種的甜柿已不輸原產地日本，苗栗摩天嶺及新竹尖石的甜柿，都好吃極了，我是吃再多也不厭。

今年我還特別走了一趟新埔，那兒以柿餅聞名於全臺灣，新竹本就盛產石柿、牛心柿，到了秋涼九降風起，就更利於柿餅的風乾，製作這柿餅是很費工夫的，除了要一顆顆先削去了皮，在晾曬的過程中，不時還要以手工輕捏，讓它慢慢定形。在那兒我們還喝到了柿子葉炮製的熱茶，聽說有降血壓去血脂的功效，而且它還有個好兆頭，那就是喝了它會事業（柿葉）順利唷！

至於柑橘類的水果，在這季節也正是時候，中秋節不可少的文旦，柔潤香甜；稍晚上市的大白柚則飽滿多汁，吃起來酸甜過癮，更是潤腸美顏勝品呢！而那綠皮橘子雖然酸，但味道濃郁的令人難忘，每年橘子一上市，我一定會買一個來嚐鮮，雖然酸得讓人齜牙咧嘴的，

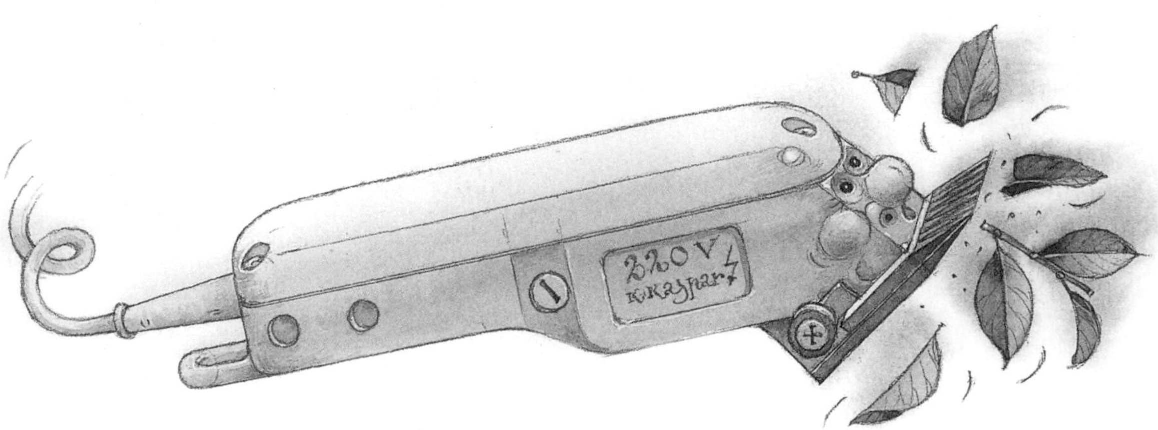

但它會提醒我冷冬將至，要好好把握僅存的秋涼美好時光。

而秋季具代表性的另一項美食螃蟹也是我的最愛，小時候我們吃的多半是冷凍青蟹，後來經濟條件好些了，就開始吃起紅蟳來，牠的肉很紮實，黃也很飽滿，各種烹調方式都十分味美；這幾年兩岸相通，大家便流行吃起大閘蟹，這大閘蟹個頭不大，但牠的蟹黃卻鮮美得不得了，且怎麼蒸煮都保持流質狀態，現在臺灣許多地方也開始養殖大閘蟹，品質也不錯，只不過價錢也高得離譜。

朱老師的父親也愛吃螃蟹，他總是很細膩的將蟹肉蟹黃剔進蟹殼裡，連細細的腿肉也不浪費，最後再佐以薑醋慢慢的品嚐，而經過父親吃過的螃蟹，是還可以重新組合回原來樣貌的。不像有些沒耐心的人，吃蟹像啃甘蔗一樣，整塊丟進嘴裡，連殼帶肉的嚼一嚼就呸了出來，真是暴殄天物呀！螃蟹非得要生猛新鮮才能食用，現在的我已不願為了滿足自己的口腹之欲，去犧牲一些無辜的小生命，所以朱老師已好久不吃活生生的螃蟹了。

秋天除了是美食季節，她的景色也是不容錯過的，有人把秋天稱為金秋，秋風喚為金風，因為這時候的陽光特別金亮，大地因此別具風貌，田裡的稻作已成熟準備收割了，金黃色的稻浪讓人有富饒幸福的感覺，而山林也漸漸褪去單一的綠意，著起了暖色系的新裝，臺灣因為不夠冷，所以許多變色木換裝得不那麼明顯，如果這時身處北國，那麼便可好好享受一場大自然絢麗的饗宴了。

有一年秋天，朱老師陪媽媽去日本東北狩楓，那兒的山丘像彩虹般一道一道的，從山腳往上看，墨綠、草綠、嫩黃、金黃、橘黃、朱紅，到像燃燒了一般的火紅，之前在繪本中看到的彩色山景，以為是日本人誇飾的畫法，沒想到世界上真的有如此夢幻的山色。那一次旅行，我們還去了十和田湖，那湖水清澈的像面鏡子，映照著湖畔火紅的楓、深邃的藍天，真的美到不可方物，彷彿置身仙境，讓人捨不得離去呀！秋天的銀杏也從青綠轉為豔黃，站在東京的街頭，一行行的金黃路樹，更讓人有置身天堂的慨歎呀！

當有人問起一年四季最喜歡哪個季節時，你會怎麼回答呢？你也喜歡秋天嗎？你喜歡的原因是甚麼呢？是和我一樣因著美食、美景而愛上她的嗎？或者因為秋季正是一個學期的開始，新的課本、新的簿子，甚至因為重新分班，而換了新老師、新同學，這會讓你對新的學期充滿了希望嗎？

在這個季節也有中秋烤肉可期待，大概沒有一個小朋友不愛烤肉的，平時玩一下火就會被大人唸個半天，只有烤肉時可以理直氣壯的接近火，且在臺灣甚麼食材都可以拿來烤，想得到的、想不到的都可以放在烤肉架上過過火，像我就很喜歡把甜年糕拿來烤烤，外脆內軟又香氣撲鼻，可好吃了，另外把貢丸烤到金黃色，所有鮮美的肉汁都鎖到丸子裡了，一口咬下去不僅彈牙，還會噴汁呢！當肚子裡塞滿了各種美食，還可四處玩玩，等肚子騰出了些空間，就可再回到火堆旁繼續大快朵頤了。

秋天不冷不熱，又不常下雨，真的很適合烤肉，當然更適合到戶外活動，像大部分的學校舉辦運動會也都愛選在這個季節，這是不是也是你喜歡秋天的原因之一呢？還是你只是單純的喜歡那涼爽的天氣，喜歡那清風吹拂著周身的感覺？我們真的應該趁著秋高氣爽出外走走，看看周遭的山林是不是變換了樣貌，也順便在這豐收的季節享受各式美食，待各個感官都得到滿足時，回得家來，就能動筆寫出一篇屬於金秋的好文章啦！

給父母的小叮嚀

在城市成長中的孩子，在空調呵護下的孩子，可能已習慣不察於氣候的變遷、四季的遞嬗，這是多麼可惜的事，除了錯失感受溫熱涼寒的變化，也錯過了春夏秋冬各具特色的美食美景，久而久之，真的會成為一個感覺遲鈍，對周遭環境無感的人。

要寫出好文章，除了多看多寫，還要有纖細的感知能力及敏銳的觀察力，藉由四季的描寫，可以引導孩子多多發揮這些與生俱來的感官，去覺察四周環境的改變，秋冬時校園中、公園裡的樹變色了、葉子落了，來年春天又恢復生機冒出了新芽，溽暑時濃鬱的樹冠成了庇蔭的所在，這些都是大自然所透露的訊息，四季的變幻猶如人的生老病死，來年春風起時，萬物又將蓬勃再生。

若孩子能常處自然環境中，感受風的吹拂、雨的滋潤、雲的飄移，就能讓自己的心靈越加輕盈，腦子也清明起來，就不愁寫不出好文章啦！

9 發明大王

你曾經想過，在我們日常生活中，幾乎所有食衣住行各種用品都是經由人們的智慧發明出來的，大自飛機、火車、汽車，小至各式日常用品，如我們所使用的文具紙與筆，都是前人費盡心血創造出來的，而其中一些發明也大大的改變了人類的文明，使我們的生活呈現出完全不同的樣貌，比如飛機的發明縮短了國與國的距離，使得不同種族、不同文化的人們，不再是那麼隔閡，想到世界各地旅行也不再是那麼遙不可及的夢，地球好似變小了，就像一個村落般，所有居住在這星球上的人們，都能雞犬相聞成為鄰居了。

自從愛迪生發明了電燈，更是改寫了人類的生活，以往「日出而作，日入而息」的農業社會，迅速發展成工商業繁華的社會型態，黑黯的夜晚因為有了照明設備而充滿了各種可能，至於爾後陸續出現的收音機、電視機、電話、電冰箱、電鍋、冷氣、電腦……，儘管它們所帶來的影響未必都是正面的，但不可否認的是，它們已成為我們生活中的必需品了，你曾經想過沒有冰箱、電視、電腦的日子要如何過嗎？我們對這些電器用品的依賴程度，已遠遠超出想像了。

人類發明的動力常來自於需要，就拿鉛筆為例吧！朱老師小時候上學寫功課所使用的鉛筆，必須用小刀片削尖，那時手搖刨鉛筆機非常少見，更別提電動的了，後來出現了免削鉛筆，就是現在還買得到的那種有一節一節鉛筆頭的免削鉛筆，當時覺得發明這樣東西的人實在是太聰明了，對我這種沒耐心削鉛筆的小孩來說，它簡直像救星般解決了我許多煩惱。之後幾年，市面上又陸續出現了自動鉛筆、搖搖筆……，還有鋼筆、原子筆也取代了毛筆，這些都讓我們在書寫時真的是愈來愈方便了。

又如電話，朱老師小時候還見過手搖式的電話，那時當醫生的外公家裡用的就是這種電話，撥通了還要靠總機小姐轉接，後來的它則被輪盤式的電話取代了，隔一段時間按鍵式的電話又出現了，當時覺得真是太方便了，不想接著又有 BB CALL 傳呼機的發明，有任何緊急的事都可以透過它找到人，有些特殊職業的人真的很需要它，如醫生，尤其是幫人接生的婦產科醫生，必須隨傳隨到最需要它。

當然那是在行動電話還未出現前的情景，行動電話剛發明時比一個鉛筆盒還要大，打電話是很方便，但攜帶卻極不方便，所以經過一再的改良發明，這行動電話越做越小，小到握在手心也絕不成問題。直至智慧型手機出現，原有的行動電話頓時成了腦殘手機，因為這新型手機除了通訊外，還兼具上網、聽音樂、看影片、玩遊戲、文字即時傳送、視訊……等功能，幾乎所有電腦能辦到的事，它也都能辦到，它就像一個能隨身攜帶的迷你型電腦，成了現代人生活中的必需品。這不禁又讓我想到還在讀台北工專時，當時我們所使用的電子計算機，也就是早期的電腦，

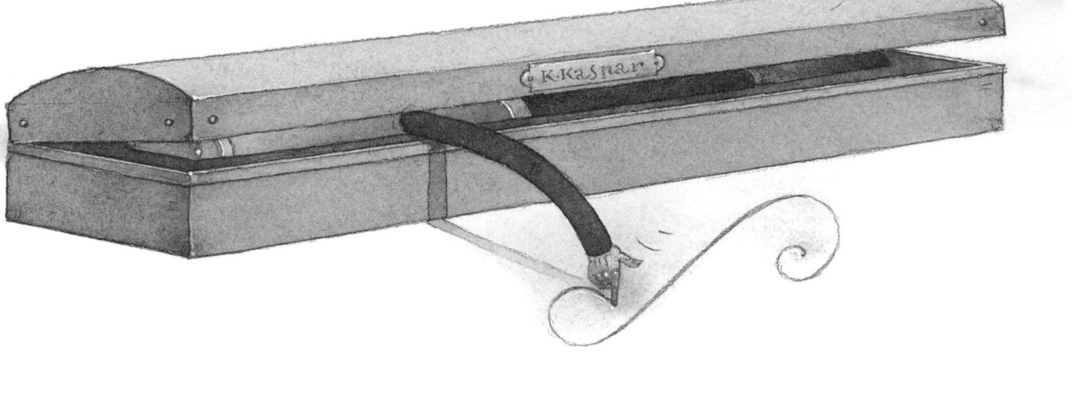

一臺就有一個衣櫃那麼大，還要用紙卡輸入，那時是怎麼也想不到有一天，電腦可縮小到桌上型、筆記型，乃至一手即可掌握的個人化電腦。

所以你發現沒？幾乎每一項發明都是因應人們的需求而產生的。如果你是一個發明家，你又會希望自己發明出甚麼樣的東西來造福人群呢？比如說，當你和家人出門遇到塞車時，會不會希望自己搭乘的交通工具瞬間能飛上天？而當所有車子都在天上飛的時候，交通網就會變成立體的，這對疏通擁擠的路況絕對是個好辦法。

而當你看到媽媽下班後，要忙著採買準備一家人的吃飯問題時，會不會想幫天下所有的媽媽們發明一種更方便烹調料理的工具呢？它也許是個類似微波爐的機器，只要把一顆小丸子放進去，頓時就會出現一盤大餐，也許是披薩、義大利麵，或者是牛排、炸雞、烤魚，更神奇的是怎麼吃也不會胖，因為它的熱量就只有一個丸子那麼多，而且從此以後，媽媽們去買菜時，只要帶一個美美的小包包就可以了，是不是輕鬆許多？

如果你每天早起都會為穿著打扮傷腦筋的話，你會

不會想發明一種穿衣機，只要設定所需的類型，比如制服、運動服、休閒服、晚禮服……就可以了，這機器的目錄有幾百種款式可選擇，如果你不怕麻煩，也可以自己選定甚至設計想要的服飾，接著再站在這臺像電話亭的機器裡，瞬間便能著好裝準備出門了，而且這臺機器挺環保的，當你回得家來，只需要把穿過的衣服丟回這臺機器的回收口，隔天它就會再製作一件你需要的服飾，你發現了嗎？它還為你省下了清洗衣物的麻煩呢！

每天打理頭髮也是一件頗煩人的工作，難怪有人會把頭髮稱為三千煩惱絲，若你能發明一個像安全帽的整髮器，每次出門前戴上這頂帽子，再按下你想要的髮型，不到三分鐘就可搞定，甚至連髮色都可自由選擇，那不是太方便了？如果你有一天真的發明了這款超級機器，千萬別忘了通知我，我一定願意當這產品的白老鼠，因為朱老師真的很

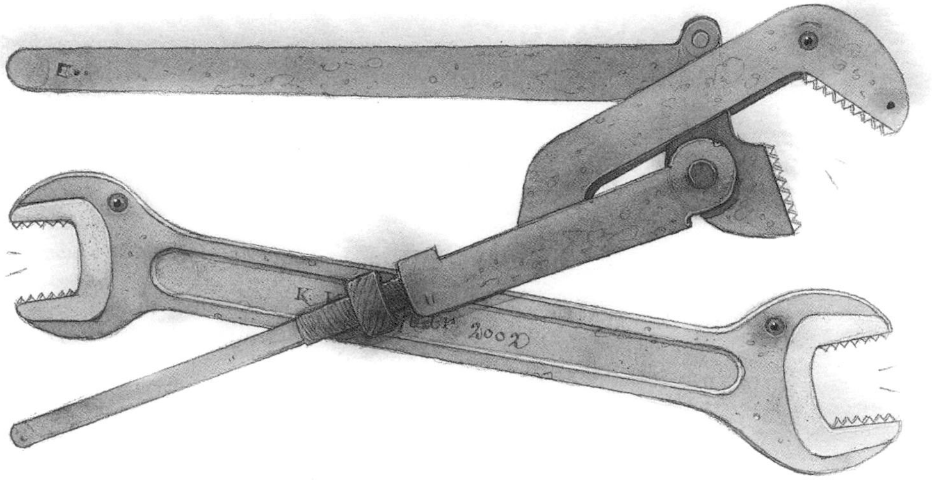

為打理自己的髮型而煩惱呀！

看了朱老師特別為懶人設計的發明，你是不是也蠢蠢欲動想動動腦發明一些特別的東西呢？它可能是家庭用品，也可能是交通工具，或者是先進得不得了的3C產品，甚至都可以，甚至是能治癒絕症的機器或藥品更好，但小朋友們請不要發明會傷害人的東西好不好？很多男生一旦自詡是發明家，便忍不住要創造一堆殺傷力十足的武器，還要到處展開殺戮，真是讓人傷腦筋呀！所以朱老師在這兒懇切的提醒大家，我們如果要當一個發明大王，請以造福人群為前提，為人類生活帶來方便與舒適，千萬別當一個科學怪人，發明出一堆連自己都後悔莫及的恐怖東西好嗎？

給父母的小叮嚀

很多孩子在寫「我的志願」這樣的題目時，都以發明家為選項。當發明不太需要顧慮到它的可行性時，那就可以天馬行空，任意翱翔在想像的天地中了，這或許正是吸引孩子想當個發明家的原因了。

當然很多男孩會忍不住想發明一些自認為先進的武器，即殺傷力特強的武器，且隨意找個假想敵大肆展開殺戮，這時父母或可做個提醒，引導孩子把注意力轉換到日常生活所需上，即便是一支筆、一個橡皮擦，以目前所使用的方便度來說，都還有一些可改善的地方，至於交通工具的行駛方式或所使用的能源，就更有可精進的空間了。

這個題材本就是讓孩子盡情發揮想像力，若能把環保的觀念置入發明的物件中，那就更完美了。

10 臺灣之光

各位小朋友們，你們是否發現，臺灣雖小，人口也不算太多，但卻可說是人才濟濟，在世界上的能見度很高，撇開那些負面消息不談，在我們身邊有許許多多的人，有的以自己所能，幫助弱勢的族群因而得到肯定，也有的人以自己所長，不斷的參與國際間各種競賽，因而得到許多殊榮，不管是在電影、音樂、運動、科技發明及人文藝術方面，都能嶄露頭角，在世界的舞臺發光發熱，臺灣真可說是人才輩出。

導演侯孝賢、楊德昌、李安等都是國際知名的電影人，大提琴家馬友友、小提琴

家林昭亮，舞蹈家林懷民、許芳宜，麵包師傅吳寶春，服裝設計師吳季剛，運動選手林書豪、陳偉殷、王建民、謝淑薇、曾雅妮的知名度也不遑多讓，他們憑著所擅長的事物，不斷努力超越自我，不僅讓自己名揚四海，也讓臺灣在國際間受到矚目，這些人物都可說是臺灣之光呀！

而在我們生活周遭，還有許多人數十年如一日的默默付出，為社會上各個角落需要幫助的人，貢獻他們的心力，真的很值得大家感佩，就像以賣菜為業的樹菊阿嬤，自己吃穿用

度簡單到了極點，卻把賺來的錢一點一滴的節省下來，捐助給需要的人，若不是她被美國《時代雜誌》選為全世界年度最具影響力的人物，我們可能永遠都不會知道有這麼一位肯為他人犧牲奉獻的善行者存在。

此外像證嚴法師帶領的慈濟人，所幫助的對象不止於臺灣島內的人們，連世界各個角落都可看到他們的身影，連遠在世界另一端的非洲都是他們捐助的對象，許多觀光客到那兒旅行，當地人只要聽到你來自臺灣，都會豎起大拇指說：「臺灣，慈濟，一級棒！」

此外，一旦哪裡發生了重大的天災人禍，也幾乎都可看到慈濟人的身影，他們的行動力很強，有時甚至比當地政府都更快的抵達災難現場，美

國「九一一」攻擊事件發生時，就曾看到慈濟人出現在紐約街頭，撫慰死傷家屬受創的心靈，並為現場救難人員提供熱食熱飲，讓他們更有力氣繼續完成艱鉅的搜救任務。還有幾次大規模地震發生時，慈濟人也總會在第一時間入駐災區，提供災民身心靈的幫助，他們會架起鍋子提供熱食，這對無家可歸、同時可能已痛失親人的災民而言，不僅是幫他們填飽了肚子，也讓一股暖意注入心懷，有時他們還會鼓勵災民們一起動手埋鍋造飯，當人有能力幫助別人時，也比較容易先放下自己心裡的傷慟。所以即便在世界許多偏遠落後地區的人們，之所以知道我們臺灣這國家，很多都是因為慈濟的緣故。

而在人文藝術方面，臺灣藝術家的表現也是備受矚目的，如林懷民所創辦的雲門舞集便享譽國際，他們所創作的舞劇除了在國內受到歡迎，也不時受邀至國外演出，因而備受讚譽；許芳宜則不僅是位傑出的舞者，更是國際知名的編舞創作家；而常常代表臺灣出國演出的蘭陽舞蹈團、清泉桃山國小原住民小朋友的合唱團，也為臺灣爭取了許多榮耀。

至於大家耳熟能詳的導演侯孝賢、楊德昌、李安及蔡明亮等，都曾因所導的電影作品得到各大影展的肯定，不管是德國的柏林影展、義大利威尼斯影展、法國坎城影展，以及美國的奧斯卡影展，都能見到他們的身影，也為臺灣獲得無數殊榮，像最近侯孝賢即以《刺客聶

隱娘》榮獲坎城影展的最佳導演獎，又為臺灣電影增添了光彩的一頁。

而在你的心中又是誰最能代表臺灣、堪稱臺灣之光呢？除了朱老師上述的藝術家、運動家及一些善心人士，你是不是還想到了一些合適的人選，比如服裝設計師吳季剛、麵包達人吳寶春，或曾拿到奧運跆拳道金牌的朱木炎，當然除了人物可供你選擇，某些優良品牌或優質團體（如上述的慈濟功德會），也是可以稱為臺灣之光的，像是早期生產網球拍的光男、近年製作自行車的美麗達，以及高科技的宏達電，他們的產品都具備有國際競爭力，不僅為臺灣賺得外匯，還博得一定的聲譽。

所以今天在挑選自己心目中的臺灣之光時，對象可以不止於是人物，也可以是某個品牌、某個團體，甚至是有些抽象的事物，大陸新銳作家韓寒就曾說過：「臺灣最美麗的風景是人」，所以濃厚的人情味、富含人文素養的民情，也都可以是代表我們良善一面的臺灣之光。而在書寫時，也可以多利用圖書館或網路搜尋你所需要的資訊，除了介紹這些「臺灣之光」的生平，更要和大家敘述他們成功的過程，相信一個人物或團體、品牌，能達到今天的地位，能成為一個國家的代言人，絕對是需要許多的努力及經驗的累積，這些歷程都會是很精采的故事，透過你的筆，讓大家更清楚知道他們是怎麼闖出一片天的，這會是很有意義的事。

我們在看完這麼多在不同領域為臺灣發光發熱的人物、團體、品牌後，你的心中是不是也會自我期許，長大後也能與他們並駕齊驅，以堅定的毅力發揮自己所長，為我們的國家社會貢獻一己之力，也許不久的將來，新一代的「臺灣之光」就是你唷！

給父母的小叮嚀

在書寫「我的偶像」這樣的題材時，每個人都有自己的選擇，他或許是知名人士，也或許是身邊的親朋好友，但「臺灣之光」就不一樣了，他勢必是眾所周知能站在世界舞臺、為臺灣發光發熱的人物。

既然是如此特殊重要的人物（或團體、品牌），那麼就很值得我們花許多的文字來介紹他，所以今天只要選定一個對象，詳盡深入的去描述他，在下筆前，當然需要先做些功課，這時父母或可扮演協助的角色，引導孩子利用網路或圖書館先查些資料。經由詳細查詢後，不僅能寫出內容豐富的文章，更能因深入瞭解所選定的對象，讓孩子油然而生效尤之心，那麼在書寫這篇文章的同時，就有了不一樣的意義了。

11 我喜歡

人都是有感覺、有情緒的，同樣一件事，有的人討厭，有的人卻愛死了，這其中是沒有甚麼道理好說的，有時就是一種直覺，甚至是一種任性，之前在青少年間不是就流行著一句話嗎？「只要我喜歡，有甚麼不可以。」但當我們的喜歡妨礙到他人時，甚至觸犯到法律時，那就萬萬不可以了。今天我們來談喜歡時，就可以把握住這個原則，千萬別把自己的快樂建築在別人的痛苦上，也別讓自己陷入危險之中唷！

首先我們可以從生活周遭思索起，甚麼樣的事會讓你歡喜呢？我想大多數的男生一定都會說：「電玩！」而女孩則可能是：「電視！」從這兒就可以看出人真的有好逸惡勞的習性，因為不管是玩電玩或看電視，都是最不需要花腦力的，甚至有專家研究過，當我們看電視時，會讓智商降低五十，如果我們常讓自己處在這種弱智的狀態下，想不變傻也難。所以今天我們就先撇開這兩個選項，細細思索，甚麼樣的事能讓我們歡喜，而且這份喜悅是可以讓人身心舒暢的，而不是像電玩、電視只會讓人上癮，一旦離開它們，就會令人焦躁不安。

我們就先從人物說起吧！在你身邊是否有甚麼人讓你一看到他就欣喜莫名，他可能是你的親人，也可能是你的好朋友，甚至可能是一位老師，我小時候就曾因為喜歡一位老師，而特別愛上他的課，而且那一科的成績也特別突出，所以當你喜歡一個人的時候，總會希望在他的面前有優秀的表現，這也能讓自己某方面的能力向上提升呀！

如果他是一個公眾人物，那麼你就會特別注意關於他的新聞，時時刻刻想掌握他的動態，恨不得能擁有和他相關的商品，如果能親眼見到他，那就更完美了，就像許多的年輕人，總會以歌星或運動明星為自己所崇拜的偶像，凡是他唱的歌、他所出場的賽事都不會錯過，這

就是一種粉絲型的喜歡。

而如果你喜歡某一種動物，也是可以的。像貓熊寶寶圓仔不就可愛到爆表了，每次朱老師看到牠的照片或影片，都會忍不住嘻嘻哈哈笑出聲來，有再大的煩惱也拋到九霄雲外去了，對我而言和圓仔一樣具有療癒作用的就是我們家的貓咪了，每天只要看到牠們在院子裡爬樹、玩耍，就開心得不得了，哪怕牠們只是躺在陽光下一副慵懶的模樣，也會讓我看得好癡迷，恨不得去摸摸牠們、親親牠們，所以貓咪是我的最愛。你呢？你最喜歡的動物又是甚麼呢？毛絨絨的小白兔、水裡游的小魚兒，還是像布娃娃的熊熊？只要看到牠們，就像朱老師一般，所有的煩憂都消失不見了。

在學校裡，又有甚麼課程是你所喜歡的？運動細胞好的，當然在上體育課時會有如魚得水的快樂；愛唱歌、愛吹直笛的，自然會視音樂課為樂事；也有許多人愛畫畫，藉由畫筆，可以把心中的想望或苦悶舒展在白紙上。像我小時候有些過動，所以最喜歡上的就是體育課，尤其是打躲避球的時候，那會讓我全然得到解放，尤其是擲出去的球砸中目標時的快感，真是千金不換呀！所以在我六年級時，常會和幾位好朋友，約好放學後留在學校打躲避球，每每要打到一身臭汗才肯回家。

至於談到喜歡的東西，那可就更多了，玩具、文具、小飾品，或是某件衣物、某床蓋到已經快解體的小被子，連出去旅行都要帶著它，不然連覺都睡不安穩。我的外甥女小時候一定要摸著她棉被的角角才能入睡，最好身畔再窩著幾隻她最喜歡的恐龍，即便被那硬塑膠製的恐龍給戳痛了，她也樂此不疲；長大後，她則愛上了變形金剛，走到哪兒帶到哪兒，隨時坐下來就可以把它從柯博文變成一輛大卡車，再花一兩個鐘頭把它變回柯博文，這是讀大學的她從不厭倦的事。

每個人對一年中的春夏秋冬，也都有不同的好惡，有人喜歡百花盛開的春季，尤其是可以脫去一件件厚重的冬衣，是多麼讓人清爽愉快；而夏季大概是每個小孩都想熱情擁抱的季節吧！在兩個月漫長的暑假可以做的事太多了，游泳、吃冰是最受歡迎的，此外每天睡到自然醒、玩到自然爽，再愜意的事莫過於此了；充滿美食的秋天也是許多人的最愛，涼爽的金風、美麗的楓紅，很少有人能抗拒這秋天帶來的美食美景吧！而朱老師最愛的則是冷冷的冬天，因為天一冷，老師的腦子就會特別清醒，可以趁機多寫些稿，而且把自己穿得暖暖的，手裡再捧著一碗熱湯熱飲，會覺得自己是全天下最幸福的人了。

當然，美食也是我們可以書寫的對象，把

自己愛吃的東西細細描述一番、回味一番，也是挺享受的事。出門旅行應該也是大人小孩都喜歡的事吧！不管是在國內遊玩或搭飛機出國旅行，可以暫時拋開工作、學業的煩惱，終日只需要吃喝玩樂，誰會不喜歡呢？還有的人喜歡利用放假日，和媽媽去逛逛超市，買些自己喜歡的零食，回得家來，再和媽媽窩在廚房裡，烤個餅乾、蛋糕的，坐在家裡最美的一個角落，喝著下午茶、聊著天，享受忙碌了一個星期後的片刻寧靜，這溫馨的畫面你會不喜歡嗎？

不過有時我們喜歡的可能只是一種抽象的感覺，比如風吹拂肌膚的清涼、競速騎車的快感、坐雲霄飛車時的刺激、作白日夢的天馬行空、和家人手牽手在夜市裡閒逛……，這些當然都是可以書寫的題材，最重要的是把自己所喜歡的人事物，或某種欣喜的感覺寫出來，讓大家明白你為什麼那麼鍾情於此，也才能進一步分享你的喜樂呀！

給父母的小叮嚀

感受、情緒是每個大人小孩與生俱來的，或歡喜或害怕、或生氣或難過，這種種的感受，都左右著我們每天的情緒，當情緒襲來難以控管時，或許以文字抒發會是好方法，不影響人際關係又得到宣洩，何樂而不為呢？

而且，引導孩子以文字表達心情，也可避免流水帳的發生，當孩子們在寫日記、遊記等文章時，很容易僅止於事情或景物的敘述，而疏於感受感想的描繪，流水帳的文章就是這麼來的。所以我常在孩子初學作文時，以快樂、生氣、害怕、傷心……為題，讓他們試著描述自己的各種情感，接著在面對各種題材時，就能習於以文字表達心中的感受，從而寫出一篇篇真情流露的文章了。

12 營養午餐

13.00

每個星期我都會去一些學校上課，當我經過這些學校的穿廊時，除了會看看榮譽榜，及學校最近辦了些甚麼活動外，也總會忍不住在公告欄前駐足一會兒，看看他們當天的營養午餐都吃些甚麼，不管是滷雞腿、煎豬排、紅燒肉，或炒米粉、義大利麵、皮蛋瘦肉粥，這些精心設計過的菜單，都會讓我看得不禁也食指大動起來。我相信學校也好，營養師也罷，每週為了讓學生吃得健康、吃得開心，一定是絞盡了腦汁。

在朱老師小時候，學校是不提供營養午餐的，中午吃飯時間，住學校附近的可以回家用餐，有的母親勤快些會來學校送飯，而多數的同學都是自己帶便當來，一早放進蒸籠裡，由值日生抬進廚房，十二點前蒸熱了，中午就有便當可吃了，不過再好吃的菜餚經過大鍋蒸，所有味道都混在一起了，每當一打開飯盒，看到爛黃的蔬菜，或聞到腥味四溢的魚肉，都會讓人胃口大壞。不過每當用餐時，我們幾個死黨會把桌子併在一起，不僅可以邊吃邊聊，還可以彼此交換菜餚，

這是童年很美好的回憶。

現在幾乎每個學校都備有營養午餐，甚至有的縣市還是免費供應呢！但每當我問到學生們，學校提供的午餐如何時，多半人都意見一大堆，這是想當然爾的，因為既然有著「營養」兩個字，那麼在食材選擇以及烹調方法上，就必須有些講究，首先少油、少鹽、少糖是絕對該注意的，那麼小朋友愛吃的油炸食品就不能常出現囉！而又因為少鹽、少糖，味道便顯得清淡許多，所以許多人所抱怨的便是菜餚無滋無味好難入口，但為了健康這是必須犧牲的呀！

而且，至少到目前為止，還沒聽說過營養午餐會吃不飽的，記得嗎？不久前一位英國女

孩上網PO了兩張照片，對比了她們學校及臺灣某所小學的午餐，相較之下臺灣真的是豐盛許多，所以我們真的該知足了，而且在這世上，並不是每個孩子三餐都能吃飽，許多落後地區的人們，因為常年天災缺水或戰爭不斷，使得糧食無以為繼，永遠都處在飢餓狀態中，這樣的難民粗估有十億人左右，也就是說全世界每六個人就有一個是處在這樣的困境中，我們能生在臺灣這衣食無缺的環境裡，真的要懂得感恩惜福呀！

而在我們的身邊，仍是有比較清寒的家庭，或是生活機能並不健全的家庭，比如說有些位在偏遠山區的家庭，因為中生代父母到城市裡打工，年幼的孩子就託祖父母照顧，但若祖父母年紀太大，或染有重病，可能連料理三餐的能力都沒有，這時大家沒吃完的菜餚白飯及湯汁，都可以打包帶回家，這樣既不浪費食物，也可以提供這些家庭當晚餐食用。

但平時上課日，這營養午餐是可以讓一些弱勢家庭裡的老老少少免於挨餓的痛苦，可是一旦放寒暑假了，學校不再供應午餐，又該如何是好呢？為此，許多善心人士及社福團體便以實際行動付出他們的關懷，每當放長假時仍提供便當，讓這些小朋友仍能來學校領取營養午餐，好讓他們別因為放假就要陷入三餐都成問題的窘境，如果有能力，也好希望這份愛心能照顧到家裡其他老弱親人，千萬別讓他們挨餓呀！

當然我也聽說過很受歡迎的營養午餐，詳細打聽之下，才知道這所學校的廚工阿姨，都是由學生媽媽擔任的，此外菜單的訂定，也是由學生自治會草擬，而且每週都會發意見調查表給每個學生，學校就能依大家的建議做調整了，最後當然會由營養師把關，這樣雖然很費事，但不僅健康美味兼顧了，也培養了小朋友自主自治的能力。

你們學校的營養午餐辦得如何？你滿意嗎？如果我們今天也來做個意見調查，你會希望做甚麼樣的改變嗎？比如說西餐的比例多一些？像茄汁義大利麵、玉米濃湯就很受小朋友歡迎，雞腿、肉排似乎也不錯，但肉吃太多也不是好事，目前許多學校響應少食肉的活動，每週會選一天吃素，這對有些無肉不歡的人來說，似乎不太習慣，但偶爾吃素其實是可以減輕身體的負擔，對自己的健康、對地球環境都有幫助，當我們吃著素食，心中存著善念，這餐

飯就會有了不一樣的意義了。

今天我們在寫這個主題時，你可以先談一談自己學校的營養午餐辦得如何，有些甚麼可以改善的空間嗎？如果由你來主導，在「營養健康」的前提下，你會做怎麼樣的改變呢？也許有的學生會建議夏天時可以將熱湯改成涼飲或冰的點心，但其實這在技術上是有困難的，因為團體供食最好都要經過烹煮過後才符合衛生要求的，所以與其要求涼飲，不如請廚工阿姨早些將湯品煮好，等中午進食時，就不會因為喝滾燙的湯而滿頭大汗，這也可以避免燙傷的發生呀！

所以當你在書寫時，除了盡情發表自己的意見，也別忘了這些意見在現實中是否可行，或者你也想藉此機會，由衷感謝為你們辛苦料理營養午餐的廚工阿姨們，她們即便在大熱天，仍要辛苦的待在廚房裡為我們準備餐點，而且可以提醒大家，每當我們用餐時，也要心存感念，如前面所說的，在這世界上，不是每個人天天都能飽食的，還有很多人時時刻刻都在和飢餓奮鬥，相較之下，我們真的是很幸福了，我也相信，當我們滿懷感恩享用這營養午餐時，每一碗飯、每一道菜吃起來滋味都會特別美好。

給父母的小叮嚀

雖則這是一篇談論吃的文章，但也可以讓孩子在書寫時，先整理一下自己的想法，進而清楚的說明自己的論點。營養午餐大概是孩子最切身關心的議題，只要談到這話題，孩子們總是意見一大堆、抱怨也一大堆，但真要他們說出具體的建議時，卻又無法完整的表達自己的意思，所以或可藉由這題材，訓練孩子的論述能力。

此外，我們也可以試著引導孩子，面對營養午餐，甚至是一日三餐時，以感恩的心情代替滿腹的牢騷，畢竟世界上還有太多的人是長期處於飢餓狀態下，也有許多國家的學童吃的比我們差許多，而且當我們以感恩愉悅的心情用餐時，送進口中的食物，就會有不一樣的滋味了。

親子書房 FK1008C

朱天衣的作文課3

作者　朱天衣
整體設計　蔡榮仁
編輯製作　陳逸瑛、劉麗真

發行人　涂玉雲
出版　臉譜出版
城邦文化事業股份有限公司
台北市民生東路二段 141 號 5 樓
電話：886-2-25007696 傳真：886-2-25001952
發行　英屬蓋曼群島商家庭傳媒股份有限公司城邦分公司
台北市中山區民生東路 141 號 11 樓
客服服務專線：02-25007718；25007719
24 小時傳真專線：02-25001990；25001991
服務時間：週一至週五上午 09:30-12:00；下午 13:30-17:00
劃撥帳號：19863813 戶名：書虫股份有限公司
讀者服務信箱：service@readingclub.com.tw
城邦網址：http://www.cite.com.tw
香港發行所　城邦（香港）出版集團有限公司
香港灣仔駱克道 193 號東超商業中心 1 樓
電話：852-25086231 或 25086217　傳真：852-25789337
E-mail：hkcite@biznetvigator.com
新馬發行所　城邦（新、馬）出版集團
Cite（M）Sdn. Bhd.
41, Jalan Radin Anum, Bandar Baru Sri Petaling ,
57000 Kuala Lumpur, Malaysia
電話：603-90578822　傳真：603-90576622
E-mail：cite.com.my

一版一刷　2016 年 5 月
ISBN：978-986-235-498-8

售價：499 元（盒裝：2CD+2 書 +4 張著色卡）
（本書圖片取自格林出版《書看書魚釣魚》、《飛魚吃飛魚》。繪圖：卡思特提斯）
（本書如有缺頁、破損、倒裝、請寄回更換）

國家圖書館出版品預行編目資料
朱天衣的作文課 3 / 朱天衣著 . -- 一版 . -- 臺北市 : 臉譜 ,
城邦文化出版 : 家庭傳媒城邦分公司發行 , 2016.05-
面；　公分 . --（親子書房 ; FK1008C）

ISBN 978-986-235-498-8(平裝附光碟片)
1. 漢語教學 2. 作文 3. 小學教學
523.313　　105002871

臉譜　城邦讀書花園 www.cite.com.tw

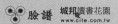

我的繪本小書

跟著 12 幅名畫飛翔

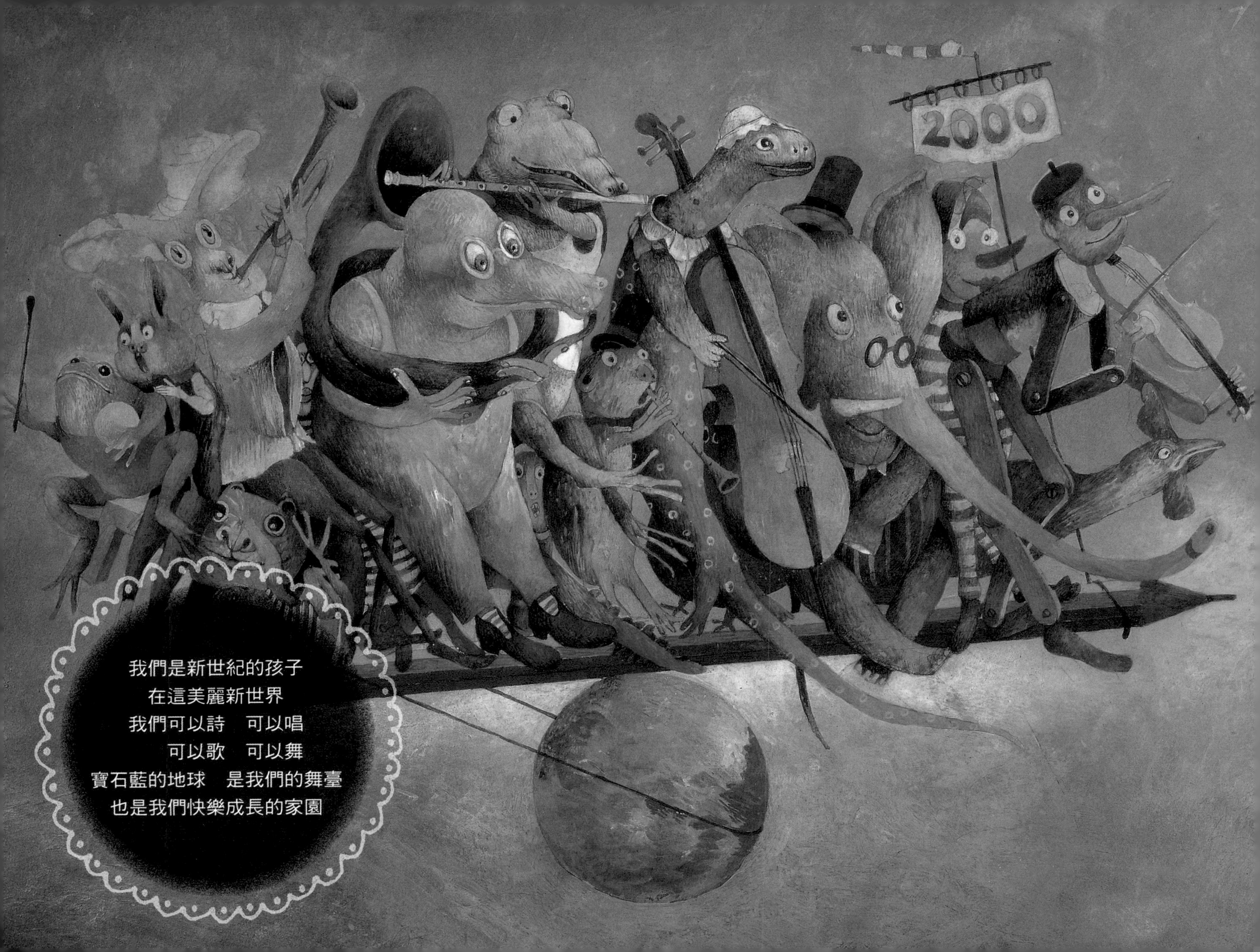

我們是新世紀的孩子
在這美麗新世界
我們可以詩　可以唱
可以歌　可以舞
寶石藍的地球　是我們的舞臺
也是我們快樂成長的家園

小鴨鴨的嘴喙
小豬豬的圓肚肚
小貓咪的尾巴
像我一樣的手和腳
我的朋友
你是如此奇特

別怕 讓我們走到陽光下
這世界好寬廣
容得下 不同的你和我
容得下 每個獨一無二的小生命

在我的桃花源
草是青的
樹是壯碩的
鳥兒在天上飛
魚兒在空中游

在這裡
沒有功課 沒有考試
只有我和心愛的汪汪

夜幕低垂
爸爸媽媽化成了小精靈
悄悄地為我織起
衣服 圍巾 手套
也為我編織
看不到的未來

別 別 別打開
赤裸的國王
化成泡沫的美人魚
凶暴的虎克船長
滴著口水的大野狼

全像脫困的怪獸
狂奔而來

我的繪本小書
跟著12幅名畫飛翔

風起時

雲在飛
月兒在飛
天鵝在飛
我的小船也在飛

如水的清風
帶我飛向銀河斑斕處吧

我的
繪本小書
跟著12幅名畫飛翔

原來鮪魚肚長這樣
原來旗魚長長的嘴喙像鋸子
嚇死人了
還以為牠們像飛盤
一圈一圈的 漂浮在
汪洋大海中

好大的熱氣球
好熱鬧的馬戲團
像蒲公英隨處飄颺
落到哪兒 便有歡笑
那五彩的穹頂下
便是我們的家

以月牙為餌
夜空的星子
一顆一顆 釣入夢中
一顆星子 一個故事

我的夢
滿是奇幻絢麗的故事

遇見你
孤子的身子 又濕又冷
咖啡杯鋪上綿絮
守護你小小的心跳
些許水 些許麵包屑
喚醒了啾啾的你

如今
看你昂揚在枝頭
展翅衝向天際

我不會忘記
這偶然又動人的相遇

貓的國度
一樣有阿拉丁
一樣有飛毯
一樣有美麗的公主

只是 在黯夜中
人們都沉睡了
甚麼都錯過了

我們來扮家家酒
你當爸爸 我當媽媽
其他蘿蔔頭是我們的小小孩
草兒是青菜
紅花是肉肉
落葉是魚兒
那隨處飛颺的昭和草花
是最最好吃的肉鬆

本書內頁插圖取材自格林文化出版之《夢想的翅膀》
文字由朱天衣老師提供，每幅插圖畫家為：
P2 圖 / 杜桑凱利
P4 圖 / 亞莉莎卡娜
P6 圖 / 克拉迪奥
P8 圖 / 黛安娜羅達
P10 圖 / 艾達絲琪
P12 圖 / 吉奥凡尼
P14 圖 / 王家珠
P16 圖 / 莎特拉
P18 圖 / 瑪麗安荷絲
P20 圖 / 伊凡基斯塔
P22 圖 / 貝兒泰勒
P24 圖 / 夏琳娜